FACULTÉ DE DROIT DE TOULOUSE

DROIT ROMAIN.

PÉTITION D'HÉRÉDITÉ.

DROIT FRANÇAIS.

DE LA TRANSMISSION DE L'HÉRÉDITÉ.

DISSERTATIONS
POUR
LE DOCTORAT,

Présentées à la Faculté de Droit de Toulouse,

PAR M. QUÉNAULT (ALPHONSE-BERNARDIN-FRANÇOIS),

Avocat.

TOULOUSE,
IMPRIMERIE BAYRET ET Cie,
RUE PEYRAS, 12.

1854.

AUX MIENS.

FACULTÉ DE DROIT DE TOULOUSE.

DROIT ROMAIN.

PÉTITION D'HÉRÉDITÉ.

DROIT FRANÇAIS.

DE LA TRANSMISSION DE L'HÉRÉDITÉ.

DISSERTATIONS

POUR

LE DOCTORAT,

Présentées à la Faculté de Droit de Toulouse,

PAR M. QUÉNAULT (ALPHONSE-BERNARDIN-FRANÇOIS),

Avocat.

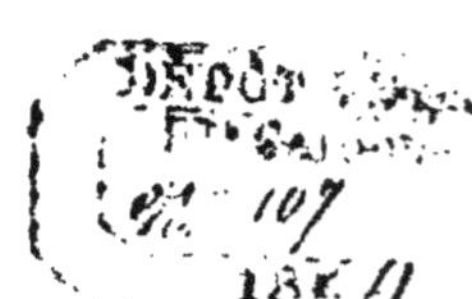

TOULOUSE,

IMPRIMERIE BAYRET ET Cie,

RUE PEYRAS, 12.

1854.

DROIT ROMAIN.

Pétition d'hérédité.

1. Le droit de succession a, plus que tout autre, besoin d'une extrême stabilité. Son but est de perpétuer les conditions des familles; il doit faire des enfants les égaux de leurs pères, maintenir entre les générations humaines une solidarité que détruit l'usurpation des droits héréditaires. Plus que tout autre il est en butte au danger de l'instabilité, car il s'ouvre à une heure imprévue, et souvent il modifie entièrement la position de celui qu'il favorise.

S'il était possible que les nécessités de la vie et ses inévitables accidents, que la misère, l'ignorance qu'elle engendre et les longs voyages entrepris pour s'en délivrer, fussent un empêchement absolu à l'exercice du droit de succession, il deviendrait un vain mot et ne serait plus qu'une funeste occasion d'imprudentes espérances. Les successibles compteraient sur un avenir qui ne devrait pas se réaliser. C'est donc un bien social que la loi veille d'un œil attentif sur les droits héréditaires, qu'elle en facilite l'acquisition et qu'elle empêche l'usurpation qui pourrait en être faite.

L'action en pétition d'hérédité à l'aide de laquelle l'héritier fait valoir son droit contre ceux qui se sont emparés des biens héréditaires et en exige la restitution, répond précisément au besoin que nous venons d'énoncer.

Du reste, ce besoin de sécurité pour tous les droits, et

de stabilité dans les conditions, se fait surtout sentir dans les sociétés quelque peu avancées; et, dans les états encore naissants, il est d'autres besoins plus pressants auxquels on le sacrifie quelquefois. Ainsi, dans les premiers âges de la législation romaine, l'Etat étant fort restreint, ses besoins plus considérables que ses ressources pour les satisfaire, la notoriété qui existe toujours dans une petite cité et les habitudes sédentaires d'une société naissante rendant l'usurpation facile à combattre pour un héritier quelque peu vigilant, on permit au premier venu de s'emparer de toute hérédité qu'il verrait délaissée, et en récompense du bien-être que son activité apportait au corps social, on lui reconnut le droit de prescrire même contre le véritable héritier par une possession annale (Gaïus, chap. XI, § 52). — Plus tard le monde entier tributaire s'épuisant pour satisfaire aux besoins du peuple romain, toute notoriété ayant disparu dans cette cité qui semblait n'avoir d'autres limites que celles de l'univers connu; mille causes dues au progrès de la civilisation étant venues étendre les relations d'un bout à l'autre de l'univers, les avantages d'une pareille disposition diminuent, ses dangers augmentent, on efface cette prescription *pro hærede* de la législation, et l'héritier que l'éloignement ou l'ignorance de son droit maintiennent quelque temps inactif, conserve son droit à l'abri des longs délais et des formes protectrices de la prescription, et par la pétition d'hérédité contraint le possesseur à lui restituer ses biens.

2. Le droit de succession influant sur la condition des personnes, a une importance extrême dans la cité romaine où cette condition des personnes est la base de l'ordre politique; il s'en suit que les questions d'héré-

dité se décident devant un tribunal d'un ordre supérieur, devant les centumvirs. Cette juridiction supérieure est seule compétente en notre matière : de là vient que toutes les fois que la question d'hérédité est soulevée d'une manière incidente, la question principale est tenue en suspend par la *prescriptio præjudicium hæreditati non fiat*, jusqu'à ce que la question d'hérédité dégagée de cette complication, ait été tranchée devant les juges spéciaux. Alors seulement il peut y avoir lieu à décider sur toutes les autres questions.

3. La pétition d'hérédité est une action réelle qui a pour objet de faire reconnaitre l'existence de la qualité d'héritier dans la personne qui s'en prétend investi, et de contraindre à la restitution totale ou partielle des objets héréditaires, et à l'exécution des obligations qui existent en faveur de l'héritier, ceux qui se refusent à cette restitution ou à cette exécution des obligations, en se gérant comme possesseurs en vertu d'un titre héréditaire, sans titre, en vertu d'un titre illégal, ou en contestant au demandeur la qualité d'héritier.

4. Elle est réelle, bien qu'elle puisse avoir pour objet de réclamer l'exécution d'une obligation, parce que son but est de faire reconnaitre la qualité d'héritier et non l'existence d'un droit de créance. Si le droit lui-même était contesté, il y aurait lieu à l'action personnelle pour le faire reconnaître. Mais si le défendeur, tout en reconnaissant l'existence de l'obligation, refuse de l'exécuter envers l'héritier auquel il nie cette qualité et prétend qu'elle lui appartient à lui-même, il y a lieu à la pétition.

5. Le demandeur réclame les objets non comme propriétaire ou comme créancier, telle n'est pas la question

en litige, qui doive faire l'*intentio* de la formule. Ce qui est contesté, c'est la qualité d'héritier. On reconnait que le droit de propriété ou de créance fait partie des droits héréditaires, mais on nie que ces droits héréditaires appartiennent au demandeur. Aussi, quelque soit l'objet qu'il réclame, que ce soit un *corpus* ou bien un *jus*, c'est toujours la même *intentio* dans la formule, *si paret hanc hereditatem meam esse*. La pétition d'hérédité est donc une action qui appartient à tout individu qui se prétend investi du droit héréditaire et auquel on conteste cette qualité, et son but est donc de faire reconnaitre cette qualité. Les restitutions d'objets ou les prestations personnelles ne sont que des accessoires.

6. Peu importe la source du droit héréditaire, qu'elle soit de droit civil ou de droit honoraire, il a également droit à les faire reconnaître; et quand il sera parvenu à ce point qu'ils soient bien établis en sa faveur, il leur fera produire les effets que la loi y a attachés, et en retirera les avantages qu'ils sont susceptibles de lui donner.

7. Lorsque l'action en pétition d'hérédité a pour objet d'obtenir la restitution d'un objet héréditaire ou de droits acquis à l'occasion d'objets héréditaires, elle doit s'exercer comme toute action qui a un but analogue contre celui qui possède la chose. Mais il y a ceci de particulier à observer, que la possession du défendeur doit être d'une nature spéciale, car il faut que son refus de restituer soit motivé de telle façon qu'il soulève la question du droit d'hérédité. Le possesseur doit donc posséder à titre d'héritier ou sans titre. Dans le premier cas, il nie le droit du demandeur en alléguant, à sa possession, un titre incompatible avec ce droit. Dans le second cas, en n'alléguant aucun titre qui explique comment l'objet

qu'il possède est sorti des biens héréditaires, et qui soulève une question de propriété; il n'impose à l'héritier, pour établir son droit sur cet objet d'une manière incontestable, rien à prouver, si ce n'est que la qualité d'héritier lui appartient réellement. C'est l'objet de la pétition d'hérédité.

8. Le demandeur a donc le droit d'interroger le défendeur, et sur la question de possession et sur le titre en vertu duquel existe cette possession. Si le possesseur ne veut pas défendre à l'action, et si pour arriver à ce résultat il nie être possesseur, et si d'un autre côté le *petitor* peut le convaincre de mensonge, le Préteur lui donnera la possession au moyen de l'interdit, *quem hereditatem*, dont voici la formule : *Quem hereditatem vellet a te petere si nolis defendere eam illis restituas.*

Cet interdit était du nombre des interdits restitutoires. La procédure pouvait suivre deux voies différentes. Si le *petitor* demandait immédiatement un *arbiter*, le Préteur le lui accordait et délivrait une *formula arbitraria*. Sinon on procédait *per sponsionem*. Dans l'un et dans l'autre cas, le demandeur n'avait à prouver *in judicio* que le fait de la possession par le défendeur, pour qu'on la lui transférât immédiatement, ce qui pouvait avoir lieu soit volontairement, soit *manu militari;* et si cette translation de propriété n'avait pas été ainsi opérée, le juge condamnait le défendeur à l'estimation *cum pœna* si l'on avait agi *per sponsionem*, *sine pœna* si l'on avait agi *per formulam arbitrariam*.

Après Justinien, l'interdit *quam hereditatem* n'existe plus. Dans ce cas de négation de la possession, on agit *per formulam arbitrariam* ou *per sponsionem*, et l'on obtient la translation de possession ou la condamnation à l'estimation, sans avoir besoin de prouver son droit, mais en établissant le fait de la possession.

Peut-être en était-il déjà ainsi, alors que l'interdit existait encore, et même quelques auteurs croient qu'en pareil cas le demandeur avait le droit de se mettre directement en possession, son adversaire ayant à son égard renoncé à la possession, et par suite ne pouvant plus exercer l'interdit *unde vi*.

9. Si quelque individu, sans être en possession, a prétendu l'être, ou du moins n'a pas nié ce fait, de telle façon qu'au temps de la *litis contestatio* le demandeur ait cru agir contre le possesseur, il résulte de cette *litis contestatio* et du fait dolosif de l'adversaire, un lien obligatoire qui donne lieu à condamnation.

L'étendue de la condamnation sera déterminée par l'estimation de la chose : et cette décision se fonde sur ce qu'il pourrait résulter de cette instance intempestive, la perte du droit du demandeur contre le véritable possesseur; c'est à titre de peine, d'ailleurs, que cette condamnation est prononcée, de telle façon que la poursuite et l'obtention de son droit contre le vrai possesseur, n'empêcherait pas, une fois que la *litis contestatio* a eu lieu, le demandeur de poursuivre l'instance et d'en profiter, et, d'un autre côté, avoir obtenu une condamnation à l'estimation contre celui *qui liti se obtulit* n'empêche pas d'agir contre le vrai possesseur et d'en triompher.

10. Celui qui a cessé de posséder par dol est dans la même position que s'il possédait. C'est ce qu'a établi le sénatus-consulte Juventien, créant entre le demandeur et celui qui a cessé de posséder un lien obligatoire résultant du dol. Ce n'a été, d'ailleurs, qu'une extension

d'un principe déjà admis, car il arrivait fréquemment dans une cité, où la condition des personnes et leur qualité de patron d'un plus ou moins grand nombre de clients pouvait influer sur la décision du juge, que l'on transmettait la possession à un individu influent, pour rendre les chances du procès plus favorables; le Préteur dût combattre cet abus, et il inscrivit dans son édit, que celui qui se serait dépouillé de la possession et en aurait investi un tiers *judicii mutandi causa*, devrait être actionné comme s'il possédait encore. Le sénatus-consulte Juventien a généralisé cette disposition.

11. Lorsque la pétition a pour objet d'obtenir l'exécution d'une obligation, l'action s'exerce contre un débiteur qui reconnaît la dette, mais qui conteste la qualité d'héritier dans la personne du demandeur, en se gérant comme héritier lui-même ou ayant-cause de l'héritier. S'il contestait l'existence de la créance, il y aurait lieu à l'actionner par l'action personnelle.

12. Il peut y avoir lieu, contre un tiers qui ayant acquis l'hérédité d'un héritier apparent possède *ex empto, ex donato*, etc., à une pétition d'hérédité utile. Ce n'est en réalité qu'une revendication qui, dans un but d'utilité, prend l'extension d'une action utile.

13. Cette action a pour objet les choses héréditaires, objets corporels ou droits, et même des objets qui sans être précisément des biens héréditaires, sont cependant placés sur la même ligne, parce que le défunt en avait la responsabilité, et que cette responsabilité passe à l'héritier, par exemple, les choses que le défunt détenait à titre de commodat. Si les objets héréditaires ont été vendus, le prix en provenant est exactement considéré comme l'objet dont il est la représentation, et réciproque-

ment les objets acquis de l'argent héréditaire. C'est l'application d'une règle qui a une grande importance dans la matière de la pétition d'hérédité. *In judiciis universalibus res loco pretii succedit et pretium loco rei*, c'est dans l'utilité qu'ils procurent et non dans leur forme intrinsèque que les biens font partie de l'*universitas*. Par suite, que les objets soient vendus, échangés, ils sont toujours considérés comme existants et simplement transformés.

14. Les fruits et accessoires des choses héréditaires peuvent être également l'objet de la pétition d'hérédité, et sont compris dans la restitution que le défendeur doit faire. Mais il faut établir une distinction entre les fruits et accessoires des choses qui y accèdent antérieurement à la *litis contestatio*, et ceux qui y accèdent postérieurement. Ce n'est pas en qualité de fruits et d'accessoires de la chose, mais comme objets héréditaires qu'on réclame les fruits dont l'origine est antérieure à la *litis contestatio*. C'est là ce qu'exprime la règle *fructus augent hereditatem* (1). Quand je réclame une hérédité, je ne détaille pas tous les objets auxquels me donne droit la qualité d'héritier. C'est l'ensemble même que je réclame, j'ai droit aux objets héréditaires primitifs, aux fruits qui, après y avoir adhéré, s'en sont séparés et, devenus objets distincts, *augent hereditatem*, sont de nouveaux objets héréditaires. J'ai droit aux fruits que tous ces nouveaux objets héréditaires ont produits et à tous les autres objets qui sont venus s'y adjoindre, soit à titre lucratif, soit comme représentation de l'utilité qu'ils procurent : tout cela c'est l'hérédité que je réclame.

(1) Il n'en est pas de même dans la revendication.

Hosce fructus omnes, dit Cujas, *quasi augmenta hæreditatis quæ petitur hæreditatis nomen comprehendit quod nomen est universi juris et augmentum et diminutionem recipit.*

15. Après la *litis contestatio*, au contraire, qui est le temps où le demandeur détermine la nature de ses prétentions et l'étendue de sa demande, aucun accessoire ne peut s'adjoindre aux choses héréditaires qui soit compris au même titre qu'elles dans l'*universitas* objet de la demande. La règle est donc que *post litem contestatam fructus non augent hereditatem*. Cependant, il est incontestable que ce serait un résultat bien inique des lenteurs de la justice humaine, que de priver le demandeur des biens dont il aurait bénéficié, si la certitude n'étant pas si lente à se produire chez les hommes, il avait été à l'instant même de sa demande mis en possession de ce qu'on reconnait lui appartenir. On a donc, par une dérogation aux règles habituelles, par une extension de son *officium*, permis au juge de faire restituer au demandeur non seulement l'hérédité (objets primitifs et accessoires antérieurs à la *litis contestatio*), mais aussi toutes les accessoires survenues à cette hérédité depuis la *litis contestatio*.

16. Les fruits sont d'abord ces produits périodiques de la chose qui y demeurent unis et attachés tant qu'ils n'ont pas pris leur entier développement, puis qui s'en séparent lui laissant la puissance de les reproduire. On peut recueillir ces fruits par soi-même ou les donner à recueillir à un tiers, soit qu'il le fasse au nom du propriétaire, et conserve seulement une portion des fruits, soit qu'il le fasse en son nom personnel comme locataire, moyennant une certaine redevance qu'il paie au bailleur.

Les fruits ainsi produits par la chose sont acquis immédiatement, et par le fait seul de leur production, au propriétaire de la chose frugifère. Ils lui sont acquis à son insu et sans qu'il ait besoin de faire aucun acte à cet effet. S'il a cédé à un *colonus* le droit de les récolter, le *colonus percipiendo fructus suos facit;* mais à l'instant même où la propriété du *dominus* s'éteint, il devient créancier de la *merces*, représentation de ces fruits, et mis à ce titre, par les Romains, au nombre des fruits naturels.

Au moment où la tradition de cette *merces* est faite au bailleur, la propriété en est acquise au *dominus*, comme si le droit qu'il avait sur les fruits naturels se transportait sur la *merces* qui en est la représentation.

C'est là une conséquence de la règle *in judiciis universalibus*, etc., qui règle l'acquisition de la propriété des fruits civils, et à cet égard la *merces*, bien que les Romains l'aient classée parmi les fruits naturels, doit forcément être considéré comme fruit civil.

Il est des biens dont l'usage même a une utilité, et, par suite, une valeur. Cet usage peut être concédé pendant un temps déterminé moyennant une rétribution qui se paie périodiquement. Tel est le louage des choses qui ne produisent pas de fruits, des maisons, par exemple. Le caractère de périodicité de cette rétribution joint à la nature temporaire et restreinte de la concession, a fait placer les valeurs ainsi acquises au nombre des fruits. Or, bien que ces fruits civils soient acquis *ex jure* et non *ex re*, comme ils sont la représentation de l'utilité que présente l'usage de la chose, et que cet usage appartenait au propriétaire, c'est lui que la tradition de ces fruits civils investit, par l'intermédiaire des tiers, d'un droit de propriété.

17. Les accessions, ce qu'on nomme spécialement *causæ*, sont tous les objets qui viennent s'adjoindre à l'hérédité sans être des fruits. Ainsi, le part de l'esclave, que par un bizarre respect de la qualité d'homme ou plutôt par une règle d'économie domestique on n'a point considéré comme un fruit, le produit de la spécification, etc.

18. Le titre en vertu duquel les accessions sont compris dans la restitution, qui est différent, ainsi que nous l'avons vu, après ou avant la *litis contestatio*, influe sur l'étendue de la restitution qui doit en être faite. Avant la *litis contestatio*, c'est à titre d'objets héréditaires comme compris dans l'*universitas juris* que ces accessions sont restituées; après la *litis contestatio*, elles peuvent faire partie de l'*universitas*, dont la réclamation est antérieure à leur existence, et c'est en dehors de cette *universitas*, comme accessions de cette *universitas*, et en vertu des pouvoirs extensifs du juge qu'elles sont restituées. Or, si ces accessions produisent des fruits, ce qui doit presque toujours arriver, car presque toute chose peut offrir soit des fruits civils, soit des fruits naturels, ces accessions des accessions devront être restituées lorsque la restitution a lieu à titre d'objets héréditaires; au contraire, la restitution des accessions postérieures à la *litis contestatio* ne doit pas comprendre les fruits qu'elles ont pu produire.

Jamais les accessions des accessions, les fruits des fruits, les intérêts des intérêts, ne sont restitués, car, dit Cujas, *accessionum nullus esset finis*.

19. La bonne ou la mauvaise foi du possesseur de l'hérédité influe beaucoup sur l'étendue de la restitution

qui doit être faite. Car il est de principe que s'il n'existe entre le détenteur de la chose et le propriétaire aucun lien obligatoire, le détenteur n'est forcé de restituer que ce qu'il conserve entre les mains des objets ou de leurs *causæ* (ce qui s'entend dans notre matière de toute espèce d'enrichissement dû à la détention des objets héréditaires). Il n'est astreint à aucune espèce de règles d'administration et ne répond d'aucune faute. Or, aucun lien obligatoire n'existe entre le possesseur de l'hérédité et l'héritier. L'erreur du possesseur de bonne foi ne saurait créer ce lien obligatoire, l'héritier est, d'ailleurs, à l'égard de ses droits sur ces objets, dans une erreur moins favorable, car elle tient à la négligence. Elle a pour résultat de laisser les biens en friches, inconvénient auquel pare le fait du possesseur. Enfin, le droit du possesseur de bonne foi prend la consistance d'un fait généralement reçu, et le jour où la réclamation du véritable héritier vient détruire cette présomption, ce droit de propriété présumé a produit des effets jusqu'à un certain point inattaquables. Mais dans une législation où il est permis d'agir contre le tiers acheteur de bonne foi, quand il n'y a pas de recours en garantie possible contre le vendeur de bonne foi, on voit que c'est bien moins cette présomption de propriété qui borne l'étendue du recours que l'absence du lien obligatoire et le droit du possesseur de bonne foi à ne pas souffrir de la négligence de l'héritier.

Au contraire, lorsque le possesseur de la chose la détient de mauvaise foi, s'il n'agit pas avec la conviction qu'il est propriétaire, mais dans le but de faire un gain illégitime, il ne jouit d'aucune faveur aux yeux de la loi, et loin qu'elle doive lui assurer une protection immorale et chercher à le garantir de tout dommage, c'est l'héritier seul qu'elle doit prémunir et dont elle doit chercher à sauvegarder les intérêts. Le possesseur de mauvaise foi ne saurait exciper des soins par lui donnés aux biens, car ces soins mêmes ont un caractère dolosif qui les rendraient plutôt l'objet d'une peine que d'une faveur. Pourtant, faute d'une disposition légale créant un lien obligatoire entre le possesseur de mauvaise foi et l'héritier, ce dernier, pendant longtemps, n'a été tenu de restituer l'hérédité que dans la mesure de ce qu'il en conservait. Il pouvait, n'étant astreint à aucune règle d'administration, dilapider les biens héréditaires et les laisser improductifs, il n'était responsable d'aucune faute. Le Préteur par son édit commença à le rendre responsable de l'aliénation *mutandi judicii causâ*. Enfin, le sénatus-consulte Juventien, rendu sous Adrien, et dont nous avons également parlé, créa un lien obligatoire entre le détenteur et l'héritier, basé sur la mauvaise foi, et le rendit responsable non seulement de son dol, car le possesseur de bonne foi est aussi responsable du dol qui, à lui seul, crée l'obligation d'en réparer les conséquences, mais même l'astreignit à répondre de sa faute. Il y eut donc, à dater de cette époque, une grande différence dans la mesure de la restitution entre le possesseur de bonne ou de mauvaise foi, différence que nous allons étudier dans le temps antérieur à la *litis contestatio* et dans le temps postérieur. Car nous avons vu que la *litis contestatio* influait aussi sur l'étendue de la restitution.

20. Mais il faut auparavant voir ce qu'est la possession de bonne foi et quels éléments la constituent. La possession de bonne foi qui est exigée dans notre matière, est la même que celle qui donne droit à l'action publi-

cienne et à l'usucapion. Elle doit remplir les mêmes conditions. Elle se compose de quatre éléments : la détention ; la volonté de détenir à titre de propriétaire (*corpus et animus*) ; le juste *titre* ou *justa causa possessionis* ; enfin la *bona fides*.

21. Ces deux derniers nécessitent seuls quelques explications. Le juste titre, la *justa causa*, c'est un fait, une circonstance dénotant l'intention d'acquérir ou de transférer la propriété, par exemple une vente, une donation.

Il est controversé de savoir si l'erreur sur l'existence de cette *justa causa* n'est point un obstacle à la qualité de la possession, si une *justa causa putativa* peut être considérée comme suffisante. On n'admettrait point comme suffisante une *justa causa putativa* lorsque l'erreur est une erreur de droit. C'est un fait incontesté en Droit romain et formellement décidé aux Pandectes que l'erreur de droit ne peut servir à acquérir la propriété. Ainsi Paul dit : *numquam in usucapionibus juris error possessore prodest* et Pomponius : *quia in jure errante non procedat usucapio.* Par exemple, un individu qui contracterait un louage et qui croirait que le bailleur lui a transféré la propriété. Mais s'il s'agit d'une erreur de fait qui, portant par exemple sur le fait d'un tiers, puisse présenter quelques raisons d'être, la *causa putativa* paraît suffisante. Ainsi, l'esclave qui chargé par son maître d'acheter quelque objet, en aurait acquis la possession et rapporterait à son maître qu'il l'a acheté.

22. La *bona fides*, la bonne foi, est la croyance où l'on est que celui dont on tient la possession avait la qualité de propriétaire et pouvait la transmettre. En matière d'usucapion, du moins, quand la possession a été acquise

à titre onéreux (1), la bonne foi n'est exigée qu'à l'entrée en possession et n'a pas besoin de se perpétuer jusqu'à l'expiration des délais.

La perception des fruits n'étant pas un fait contenu, mais au contraire une succession de faits qui se reproduisent périodiquement, il faut que la bonne foi se continue et qu'elle existe à chaque perception de fruits. Du moment que le possesseur acquiert la connaissance de la réclamation qui lui est faite, bien que la bonne foi puisse encore se perpétuer, il est, sous certains rapports, sur la même ligne que le possesseur de mauvaise foi. Si la bonne foi cessait, s'il n'avait un juste motif de persévérer dans sa résistance, il serait entièrement assimilé, à partir de cette époque, au possesseur de mauvaise foi.

23. Maintenant que nous connaissons les circonstances qui peuvent modifier l'étendue de la restitution à faire, étudions cette restitution dans ces diverses circonstances.

1° PÉRIODE ANTÉRIEURE A LA *litis contestatio.*

A. *Possesseur de bonne foi.*

24. Deux règles déterminent les droits et les devoirs du possesseur à l'égard de l'héritier et l'étendue des restitutions qui sont dues :

1° Le possesseur de bonne foi ne doit conserver aucun enrichissement provenant de l'hérédité.

Il doit donc restituer tout ce qu'il a entre les mains

(1) Stephane, Scolie 14. Voici, en effet, la différence entre l'acheteur et le donataire : chez celui qui a reçu en vertu d'une donation nous exigeons trois conditions : que l'esclave ait conçu et enfanté chez lui, et qu'au temps de l'action il ignore qu'elle ait été volée. (V. L. 1 unic., c. VII, 31.)

des objets héréditaires, des fruits qu'il en a perçus, des accessoires qui sont venus s'y joindre, tout ce qu'il a pu acquérir à leur occasion et tout ce qui peut en être considéré comme la représentation (1). Il ne saurait opposer qu'il a, par un fait quelconque, acquis des biens que l'héritier n'aurait pu acquérir, et l'héritier peut, au contraire, réclamer ceux-là même qui ont une origine honteuse; car on n'a pas voulu, en lui interdisant d'agir par une fausse pudeur, laisser au possesseur de bonne foi un gain provenant de l'hérédité, et que son origine rend tout à fait défavorable. Si les objets héréditaires consistaient en sommes d'argent et que le possesseur en ait fait un placement lucratif, il devrait rendre ces intérêts, représentation de l'utilité que procure l'usage des sommes d'argent.

Si par suite de la jouissance de l'hérédité il n'a pas fait, sur son propre patrimoine, les dépenses qu'il avait coutume de faire, et s'il en a capitalisé les revenus, il devra restituer la valeur de ce capital dont il avait bénéficié aux dépens de l'hérédité.

S'il a vendu les objets héréditaires, il doit restituer ce qui lui reste du prix lorsqu'il l'a reçu, et des intérêts qu'il a pu acquérir par suite d'un retard dans le paiement, les actions qui lui compètent pour obtenir le paiement du prix s'il ne l'a pas touché; et si postérieurement à la vente l'objet vendu rentre en sa possession diminué de valeur, il devra, s'il le restitue, rembourser en même temps l'excédant du prix sur la valeur présente de la chose (2);

(1) Il n'en est pas ainsi dans la revendication quand le possesseur a consommé les fruits, on ne recherche pas s'il en a retiré quelque enrichissement.

(2) Il n'en est pas ainsi dans l'action en revendication.

s'il les a donnés, il devra restituer le produit des rémunérations que lui ont valu sa libéralité. Enfin, s'il a été dépouillé et qu'un tiers en ait abusé de telle façon qu'il puisse recourir aux interdits *unde vi*, *quod precario* ou aux actions *legis aquiliæ et injuriarum*, il doit transmettre, par une cession, l'exercice de ces actions au demandeur.

2° Il ne doit éprouver aucun dommage résultant du seul fait de sa possession de bonne foi.

Ainsi, il a droit à une indemnité qui varie, et dans leur mesure et dans la manière dont il les peut obtenir, suivant la nature de ces dépenses, pour toutes les dépenses qu'il a faites sur les biens héréditaires. Si elles ont eu pour résultat la production, la récolte ou la conservation des fruits, il a droit de rétention sur ces fruits, jusqu'à concurrence de l'argent qu'il a dépensé, et même lorsque la récolte est insuffisante pour payer les frais qu'il a fait, il peut faire porter, sur le principal, l'indemnité à laquelle il a droit.

Si ces impenses portent sur le fonds, il faut voir quelle est leur nature. On en distingue trois sortes : les dépenses nécessaires, utiles et voluptuaires.

Les dépenses nécessaires sont celles qui étaient indispensables pour conserver le bien ou du moins une partie du bien; les dépenses utiles, celles qui en ont augmenté la valeur réelle; les dépenses voluptuaires, celles qui ont pu augmenter la valeur d'agrément du fonds, mais sans en augmenter l'utilité et par suite la valeur réelle.

Quant aux dépenses nécessaires, le propriétaire ne peut, dans aucun cas, se plaindre de ne recouvrer la chose qu'après avoir remboursé ces dépenses au possesseur, puisque, si elles n'avaient pas été faites, la chose serait détruite en totalité ou du moins en partie.

Pour les dépenses utiles et voluptuaires, le possesseur de bonne foi a également droit à en être indemnisé, sans que l'on doive considérer la mesure de la plus value que ces dépenses ont occasionné au fonds.

25. Le mode par lequel se règle cette indemnité est indiqué par Papinien à la loi 48 ff. VI, 1. On doit d'abord compenser la somme des impenses avec ce qui reste au possesseur des fruits perçus; puis, si la dépense est encore supérieure, on fera porter sur la restitution du principal la compensation de ce reliquat. Rien ne peut être plus simple, s'il y a lieu à condamnation du moins sous la procédure formulaire, car toutes les condamnations étant pécuniaires, c'est par voie de déduction dans le montant de la condamnation qu'elle s'opérera. Si, au contraire, le possesseur restitue sur le *jussus* du juge, l'action étant arbitraire, et qu'il n'y ait pas de somme d'argent que le juge puisse excepter de la restitution qu'il prescrit, il pourra poser, comme condition de la restitution, le paiement d'une somme à faire par l'héritier au possesseur.

26. Mais par quelle voie se poursuivra cette indemnité? Gaïus dit, loi 39, § 1, h. t., *æquæ proficiat nobis doli exceptio.* Javolenus, au contraire, loi 44, *judicis officio continetur.* Scœvola, loi 58, *quæsitum est, an, doli mali exceptione summoveri posset? Respondi et si non exciperetur satis per officium judicis consuli,* et Paul, loi 38, *et id ipsum officio judicis continebitur nam nec exceptio doli mali desideratur.*

L'action en pétition d'hérédité est une action arbitraire; mais jusqu'à Justinien, qui le décida formellement, on doutait qu'elle fût une action de bonne foi. Cependant on voit que la majorité des jurisconsultes admettaient que les pouvoirs généraux conférés au juge par la nature de l'action, étaient à cet égard les mêmes que dans les actions de bonne foi, et suffisaient pour autoriser le juge à prendre en considération les dépenses du possesseur, sans que *l'exceptio doli* eut été ajoutée à la formule; c'est que la pétition d'hérédité embrassant un ensemble de choses corporelles et incorporelles, un ensemble de valeur susceptibles de se transformer, où le prix remplace la chose vendue, où pour savoir ce que le possesseur doit restituer, on examine ce dont il s'est enrichi et par conséquent ce dont il s'est appauvri, le compte des dépenses utiles entre dans cette appréciation et le juge ne pourrait plus établir aucune condamnation dans une action où elle n'a pour base et pour mesure que l'enrichissement du possesseur, s'il ne pouvait à la fois considérer les deux termes de recettes et de dépenses qui, en définitive, se résolvent en un chiffre qui est la mesure de l'enrichissement.

Il faut remarquer que le possesseur ne saurait réclamer à titre d'intérêt du capital dépensé, que l'excédant sur les fruits même consommés qu'a produit la chose. Ainsi s'il a libéré un fonds d'une hypothèque en payant la dette, il n'aura droit à être indemnisé de la privation des intérêts, que compensation faite des fruits qu'il a perçus de cette chose, les eût-il consommés; car s'il n'avait pas payé cette dette, il aurait dû solder sur les fruits les intérêts de la somme hypothécairement due. Il doit donc la jouissance de ces fruits au paiement qu'il a fait, et il doit, dans l'indemnité qu'il réclame à cette occasion, tenir compte des avantages qu'il en a retiré.

On doit entièrement rembourser au possesseur toute dépense qu'il a faite en exécution des volontés du défunt, soit paiement d'un legs, soit construction d'un monument funéraire, bien que dans ce dernier cas l'héritier ne pût y être contraint par une action, parce qu'il serait déplorable de voir l'héritier exciper de ce qu'il peut manquer de respect pour la volonté du défunt, afin de faire supporter un dommage au possesseur de bonne foi. Il doit être garanti de toutes les conséquences des obligations qu'il a contractées en qualité de propriétaire, par exemple, si à raison du mauvais état d'un immeuble héréditaire, il a été contraint de donner à son voisin caution de réparer le dommage que causerait la chute de cet immeuble. Ces cautions sont, suivant le plus ou moins de solvabilité des personnes, tantôt de simples promesses individuelles, tantôt des promesses appuyées de fidéjusseurs. Enfin, si le possesseur a placé l'argent héréditaire, il ne doit pas supporter les risques du placement; en remboursant le capital, il n'est tenu que de céder sa créance.

Les objets acquis, *ex operis servi*, du travail des esclaves, sont considérés comme des fruits de cet esclave, et en vertu du *jus dominii* acquis au maître de l'esclave. Cependant, quand ils sont produits *ex re possessoris*, on causerait un véritable dommage au possesseur de bonne foi, si on lui en ôtait la propriété, puisqu'il aurait pu les acquérir en faisant travailler sur son bien tout autre que l'esclave. Ici le droit du possesseur de bonne foi prévaut sur le droit du maître de l'esclave, et c'est un fait d'autant plus digne de remarque qui se perpétue tant que dure sa bonne foi, même après la *denuntiatio*, époque où les obligations du possesseur de bonne foi, sont, sauf cette différence et une autre qui diminue sa responsabilité en cas de perte, entièrement assimilées à celle du possesseur de mauvaise foi.

28. Il est certains cas où le possesseur doit supporter le dommage qui résulte pour lui d'une erreur qu'il doit s'imputer lorsque, par exemple, le possesseur de bonne foi a fait des dépenses extraordinaires sur ses propres biens, sans toucher aux biens héréditaires, il supportera seul cette dépense; de même s'il fait des emprunts excessifs, car alors même qu'il eût donné des biens héréditaires en gage, l'obligation lui est personnelle.

Enfin, il est responsable de son dol. Ainsi le dit la loi 45. VI. 1, du possesseur de bonne foi, et nulle différence sensible ne paraît devoir faire appliquer une règle différente à la pétition d'hérédité; mais, dit-on comment un possesseur de bonne foi peut-il se rendre coupable de dol? Fabre l'indique : *numquam dolus empunctus manere debet ne tum quidem cum illi ipsi qui dolum admisit damnosus est.* Loi 11, § 1, ff. 44, 4, *nam et publici interest nominem abuti re sua.* Les actes de méchanceté et d'immoralité qui exposeraient le propriétaire, non à une réparation, puisqu'il ne ferait tort qu'à lui-même, mais à une punition ou du moins à une forte réprobation de l'opinion publique, ne peuvent-ils pas, dès qu'il se trouve que la chose est à autrui, être considérés comme un dol et donner lieu à une indemnité.

29. L'époque où se calcule la valeur des biens propres du possesseur et des biens héréditaires, et où s'établit la mesure de l'enrichissement acquis à son patrimoine personnel, est celle du jugement. Il ne faut pas croire que cette estimation doive être faite au moment de la *litis contestatio*, comme il pourrait paraître résulter de la loi 23, ff. 5, 1, où Paul dit : *non potest videri in judicium venisse id quod post judicium acceptum accedisset, ideoque alià interpellatione opus est.* Le contraire résulte des lois 4, 41,

et 18, § 1, qui sont au Digeste, dans notre titre de la pétition d'hérédité, et cette divergence dans la décision s'explique facilement, parce que l'objet auquel s'appliquent ces dispositions contradictoires n'est pas identique. Quand il s'agit de l'existence du droit du demandeur, il faut s'occuper de la *litis contestatio*, c'est alors qu'il doit exister. S'il n'existait pas alors, il ne saurait être utile qu'il vînt à naître plus tard. L'*intentio* de la formule qui a été donnée, établit un droit préexistant que l'action a pour but de faire valoir, et que le demandeur a énoncé et rigoureusement déterminé comme base du débat, elle ne saurait cadrer avec la réclamation d'un droit dont la naissance serait postérieure.

Ce n'est pas sans raison que cette exacte énonciation du droit est exigée au moment de la *litis contestatio;* au moment où les parties s'engagent à soutenir et à vider le débat, il faut que le défendeur apprenne exactement sur quoi il porte; et si plus tard, dans la même instance, on prétendait qu'il eût à répondre à la réclamation d'un droit acquis pendant son cours, sa défense pourrait se trouver étranglée et c'est avec raison qu'il demanderait une nouvelle instance.

Mais l'*intentio* ne parle pas de l'étendue de la réclamation, du nombre et de la valeur des objets réclamés, ni de la possession que le défendeur peut avoir ou acquérir sur un plus ou moins grand nombre d'objets. L'*intentio*, c'est à dire la prétention du demandeur, et les défenses de son adversaire, tout le débat en un mot, porte sur l'existence ou l'inexistence du rapport de droit et non de ces rapports de fait. Il en est ainsi de la *pronunciatio* qui termine le débat. Ce n'est que plus tard, lorsque la question est déjà vidée que, dans le *jussus* et la *condemnatio*, le juge a pour objet de ses appréciations ces rapports de fait. C'est à cette époque qu'il faut s'en préoccuper. C'est alors seulement qu'il peut naître à ce sujet des contestations spéciales. Mais le juge a tous les éléments de décision, et la renvoyer à un nouveau procès serait traîner inutilement les choses en longueur. Si le possesseur s'est enrichi depuis la *litis contestatio* par une augmentation dans la valeur des objets héréditaires, il ne saurait être admis à vouloir frustrer l'héritier d'une plus value dont celui-ci aurait bénéficié si les biens lui avaient été restitués à l'époque de sa demande. Si le possesseur s'est appauvri par une diminution dans la valeur de ces mêmes objets, il ne doit pas supporter cette perte accidentelle que l'héritier eut lui-même subie s'il eut été mis en possession lorsqu'il le demandait.

Mais, remarquons-le bien, si l'étendue de la possession, si le nombre des objets possédés à l'époque de la *litis contestatio* n'est pas à considérer, l'existence en la possession de celui contre lequel on agit, d'un objet héréditaire, quelque minime qu'il soit d'ailleurs, est indispensable à l'action. Car sans aller plus loin l'individu attaqué déclarerait *in litem* qu'il ne possède pas, on ne délivrerait point de formule et il ne saurait y avoir lieu à action faute d'intérêt actuel.

B. *Possesseur de mauvaise foi.*

30. Les deux règles qui déterminent l'étendue et la limite de l'obligation de restituer pour le possesseur de mauvaise foi, sont l'antithèse exacte des règles précédemment exposées pour le possesseur de bonne foi.

1° L'héritier ne doit souffrir aucun dommage du fait du possesseur de mauvaise foi.

Sa restitution à faire doit donc comprendre non seulement tous les objets héréditaires et tous les accessoires qui sont venus s'y adjoindre, mais encore tous ceux qui auraient pu s'y adjoindre et que la faute du possesseur a fait perdre.

En effet, depuis le sénatus-consulte Juventien, sa mauvaise foi crée pour le possesseur un lien obligatoire à l'égard de l'héritier, et par suite il est responsable de la faute qu'il commet en ne procurant pas à la chose tous les accroissements dont elle est susceptible. La faute s'établit par la comparaison de la conduite tenue par le possesseur et celle d'un *diligens pater familias*. La personnalité du défendeur et du demandeur, et leur aptitude plus ou moins grande à procurer cet accroissement ne déterminent pas la limite de cette obligation. Les textes parlent indifféremment de la faculté d'acquérir que l'un ou l'autre auraient pu avoir, mais n'établissent entre eux aucune opposition, car ils se rapportent à un type qui est en dehors d'eux. C'est ce que dit Paul, Sentences, 1, 13, § 9 : *Hi fructus in restitutionem præstandi sunt petitori, quos unus quisque diligens pater familias et honestus colligere potuit.* Il faut noter le mot *honestus*, car on ne peut jamais reprocher au possesseur de ne pas s'être enrichi par un moyen honteux.

Pourtant, si une circonstance exceptionnelle étendait l'aptitude de l'héritier au delà des limites ordinaires, le *prædo* devrait indemniser l'héritier du manquement à acquérir, résultant de son inaptitude personnelle. C'est une conséquence du lien obligatoire plus étendu qui contraint le possesseur de mauvaise foi et le rend responsable de son fait même sans faute.

Dans ces derniers temps, on a prétendu que l'obligation du possesseur à l'égard de ces *fructus percipiendi*, ne comprend que ceux qu'il a négligé de percevoir quand déjà ils existaient et non ceux qu'il a négligé de faire naître en omettant les soins qu'exige la production. Cette interprétation trop littérale des mots *percipere* et *colligere*, qui embrassent l'acte final de la récolte et tous les actes préparatoires, ne permet plus de donner une base quelconque à la *culpa*. D'ailleurs, elle est inconciliable avec la loi 31, § 3, qui rend le possesseur de mauvaise foi responsable d'avoir négligé les dépenses nécessaires, et surtout avec la loi 33, VI, 1, où Paul dit que la règle des *fructus percipiendi* doit faire estimer les fruits qu'on aurait pu percevoir sur la chose perdue ; car, si le possesseur est responsable de la perte, il doit indemniser de la privation des fruits. Nous verrons qu'après la *litis contestatio*, les fruits devaient, jusqu'à Justinien, être restitués au double par application d'une ancienne règle déjà consignée dans la loi des XII Tables. Les constitutions impériales avaient étendu ce doublement des fruits à la période antérieure à la *litis contestatio*; Justinien le supprima.

La règle des *fructus percipiendi* est applicable aux fruits civils comme aux fruits naturels, et avec cette extension pour les fruits civils, que les choses mêmes *quæ sunt usui non fructui*, c'est à dire qui seraient susceptibles de produire un loyer, mais qu'on ne loue pas parce qu'on s'en sert soi-même, doivent faire l'objet d'une indemnité qui a pour base d'estimation le montant du loyer que l'on aurait pu retirer de ces choses. Peut-être n'est-ce pas même assez, car, comme dit Javolenus, loi 49, ff. 22, 1, *fructus rei est vel pignori dare licere*. Quand le possesseur de mauvaise foi a fait valoir l'argent héréditaire, devra-t-il restituer les intérêts perçus? Il a la responsabilité du capital qu'il doit toujours rembourser intégralement, on a décidé qu'il devait restituer les intérêts perçus, parce qu'il ne doit conserver aucun gain provenant des objets héréditaires.

Le possesseur répond de la perte de la chose résultant de son dol et de sa faute. Il devra donc donner caution de *dolo et culpa*. Le possesseur répond même de la perte de la chose résultant de son propre fait sans faute de sa part, et il faut, pour se soustraire à cette extension de sa responsabilité, qu'il prouve que la chose eut également péri chez le propriétaire, c'est à dire que cette perte ne résulte pas du lieu où elle était déposée, ni de circonstances de même nature tenant à ce qu'il la possédait, et que, d'un autre côté, l'héritier ne l'eut pas vendue avant sa destruction s'il en avait eu la possession (1). Le possesseur le prouve en établissant que l'héritier n'avait marqué aucune intention de vendre et qu'aucune offre ne lui avait été faite, enfin qu'il n'est ni dans ses habitudes ni dans ses goûts de vendre ces objets. Car ce qu'il faut démontrer par tous moyens, c'est l'absence de la volonté de vendre. Comme l'indique le texte d'Ulpien, loi 15, § 3, VI, 1 : *si forte distracturus erat petitor*, et non comme le dit M. de Savigny, l'absence de la faculté de vendre, si, par exemple, la chose est dotale ou inaliénable par tout autre motif. Cette solution donnerait une extension trop considérable à l'obligation du possesseur.

(1) Il en est ainsi même du possesseur de bonne foi dans la revendication, et c'est là une différence entre l'action spéciale et l'action universelle où l'obligation du possesseur de bonne foi est moins étendue.

Si le défendeur a vendu la chose par dol ou même étourdiment par simple faute, le demandeur peut, à son choix (1), se faire restituer le prix provenant de la vente ou exiger soit la restitution de la chose, si le défendeur peut se la procurer, soit la valeur qui, en cas de dol, sera établie par l'estimation qu'en fera le demandeur sous la foi du serment, et, en cas de faute, sur l'estimation qu'en fera le juge.

Si le possesseur de mauvaise foi a subi une nécessité en vendant la chose, soit qu'elle fût de nature à se détériorer, soit que la vente en fût ordonnée par ceux qui ont droit de le faire, il ne devra restituer que le prix reçu, à moins qu'il n'ait vendu à vil prix, c'est à dire à un prix inférieur à celui qu'en réalité, tout en ayant égard à sa position de vendeur, contraint de vendre, on peut dire qu'il lui aurait été possible de trouver.

2° L'héritier ne doit pas s'enrichir aux dépens du possesseur.

Par suite, si le possesseur, pour se conformer à la volonté du défunt, laisse improductive une somme d'argent mise de côté pour répondre à des besoins subits et urgents, on ne saurait lui en réclamer les intérêts.

S'il a fait des dépenses ayant pour but la récolte et la conservation des fruits, il gardera les fruits jusqu'à concurrence du montant de ces dépenses, on les retiendra jusqu'à ce qu'il en ait été entièrement indemnisé.

Pour les autres dépenses qui ont pour objet le fonds lui-même, si elles sont parmi celles qualifiées nécessaires, il pourra retenir la possession jusqu'à l'entier paie-

(1) Dans la revendication, il ne pourrait réclamer que la valeur de la chose ou la chose même.

ment de ces avances. Si ce sont des dépenses dites utiles, il peut exercer le même droit dans la limite de la plus value qu'il a procurée au fonds. Ceci avait été contesté, et l'on avait objecté que celui qui, sciemment, fait des dépenses sur la chose d'autrui, est censé avoir fait une donation au propriétaire; et partant ne peut obtenir d'en être remboursé ni par voie de répétition, ni par voie de rétention. Mais Paul, à la loi 38, répond précisément à cette objection que cela serait trop rigoureux, et que, dans la mesure de la plus value, il faut tenir compte au possesseur de mauvaise foi de ses dépenses. S'il s'agit de dépenses voluptuaires, il ne peut qu'enlever ce qui est susceptible de l'être, sans nuire au fonds, c'est à dire lorsqu'il peut rétablir les choses dans l'état antérieur.

31. Après la *denunciatio*, ou mieux, après qu'il a eu connaissance de la réclamation qui lui est faite, le possesseur de bonne foi est sur la même ligne que le possesseur de mauvaise foi pour ce qui touche à la perception des fruits qu'il doit opérer, à l'étendue de la restitution qu'il doit faire. Mais il reste une différence qu'il importe de signaler. Si le possesseur a de justes motifs de résistance, si en un mot sa bonne foi se perpétue malgré la connaissance qu'il acquiert d'une prétention adverse, il n'est pas tenu de répondre de la perte de la chose survenue par cas fortuit. En effet, on a jugé qu'il serait trop dur de le mettre dans l'alternative d'abandonner sans défense ce qu'il regarde comme son droit, ou de craindre d'avoir à répondre de la perte de la chose survenue dans des conditions telles que nulle prudence humaine ne l'en saurait garantir, tandis qu'il est juste qu'une fois averti on exige de lui la même vigilance que du *prædo*. Bien qu'il soit convaincu que son droit est incontestable, il

doit se tenir prêt à exécuter la restitution que le juge peut lui ordonner. Nous avons déjà établi une autre différence pour les accessions résultant *ex operis servi et re possessoris*.

2° Temps postérieur a la *litis contestatio*.

32. La distinction que nous venons d'établir entre le possesseur de bonne ou de mauvaise foi, subsiste après la *litis contestatio* et jusqu'à la *pronuntiatio* et le *jussus*. Mais ces deux restrictions sont les seules différences qu'on puisse noter entre eux. Cette réserve faite, nous établirons donc comme leur étant communes les règles qui les régissent dans cette période.

Les règles que nous avons exposées pour déterminer l'étendue de la dette du possesseur de mauvaise foi avant la *litis contestatio*, sont celles qu'il faut appliquer après la *litis contestatio*, mais avec cette différence bien sensible : les accessions ne sont plus réclamées comme *augmenta hereditatis*, à titre d'objets héréditaires compris dans l'*universitas*, mais comme accessoire des choses héréditaires. Il a fallu, ainsi que nous l'avons déjà dit, pour obéir à une loi de l'équité et pour ne pas voir souffrir de l'infirmité de la justice humaine et de ses lenteurs ceux qui réclament son appui, donner une large extension aux pouvoirs du juge et comprendre dans son *officium* le droit d'exiger la restitution de tous les accroissements survenus à la chose depuis la *litis contestatio*. Mais comme c'est à titre d'accessions que le juge ordonne cette restitution, elle n'embrasse pas les fruits produits par les fruits capitalisés.

La *litis contestatio* n'empêche pas l'usucapion de s'accomplir, car elle n'empêche pas de posséder, et nous avons vu que le plus souvent il suffit pour usucaper qu'on possède de bonne foi à l'origine, bien que plus tard on sache le vice de sa possession. Dans ce cas, si le possesseur doit restituer, il donnera caution de *dolo*, car il pourrait avoir vendu ou hypothéqué la chose ; il est vrai que, comme le fait remarquer Accurse, il est interdit d'aliéner les choses litigieuses, mais Gaïus répond à cette objection, c. IV, § 117, *in fine*, que la défense d'aliéner les choses litigieuses n'est faite qu'au demandeur.

Dans l'ancien Droit, le défendeur devait, s'il succombait, restituer le double des fruits qu'il aurait perçu ou négligé de percevoir depuis la *litis contestatio*. La loi des XII Tables le prescrivait ainsi dans une disposition à laquelle se rapporte un passage mutilé de Festus au mot *vindiciæ*; et Paul, Sent. V. § 2, dit : *ex die accepto judicii dupli fructus computantur*. Cette règle fut observée jusqu'à l'époque de Justinien, qui l'abolit ainsi que nous l'avons déjà dit.

33. La restitution doit être faite pour le tout, c'est à dire que le défendeur doit exécuter en totalité son obligation, si le demandeur est un héritier unique. Au contraire, s'il y a plusieurs héritiers, quelque minime que soit l'objet dû par le possesseur, il ne le restituera que dans la mesure de la part héréditaire du demandeur, à moins que le tiers possesseur n'ait une part des biens égale à la part de l'héritier agissant, et que les autres possesseurs ne soient des héritiers. Alors, pour éviter le circuit d'actions, on admettrait que l'*officium judicis* autorisât à agir pour le tout contre le possesseur non héritier.

34. Après avoir exposé, quel est l'objet de l'action en pétition d'hérédité, et quelles règles déterminent

l'étendue de la restitution qui doit être obtenue par cette action? Il nous reste à voir par quelle voie on l'obtient et dans quels lieux elle doit se faire.

Il faut distinguer, quant au mode de l'action, les trois époques de la procédure romaine.

Pendant la première époque, celle des actions de la loi, on agissait par l'*actio sacramenti ;* après l'*in jus vocatio,* c'est à dire l'appel à comparaître suivi même de contrainte, les parties se rendaient avec le Préteur sur l'immeuble, s'il s'agissait d'un immeuble, ou apportaient le meuble devant lui, et plus tard même, s'il s'agissait d'un immeuble, on apportait une motte de terre qui le représentait. La chose étant *in medio,* les parties simulaient le combat tenant d'une main chacun une baguette, symbole de la lance, et de l'autre appréhendant la chose, disaient : *Aio hanc rem esse meam ;* le Préteur ajoutait : *Mittite ambo hanc rem.*

Chacun demandait alors à son adversaire pourquoi il revendiquait et le provoquait à déposer le *sacramentum ;* c'était une somme d'argent qu'en forme de pari chacun devait déposer entre les mains des pontifes. La somme perdue par le vaincu était consacrée aux besoins du culte, d'où le nom de *sacramentum.* Plus tard, elle fut employée au profit de l'Etat ; plus tard, elle ne fut plus même déposée, il suffisait d'en garantir le paiement par des *prædes* devant le Préteur.

Le magistrat décidait lequel des deux jouerait, dans le procès, le rôle de défendeur et de demandeur, suivant les circonstances et d'après son appréciation personnelle. Mais celui qui obtenait cet avantage devait garantir la restitution de la chose litigieuse et du double des fruits perçus. (*Prædes litis et vendiciarum.*)

Enfin la procédure *in jure* se terminait par la *datio judicis*.

Cette procédure par l'*actio sacramenti*, se conserva pendant la période suivante, c'est à dire sous le système formulaire. Elle concourut avec la procédure *per sponsionem* et la *formula petitoria* pour les questions d'hérédité. Comme la procédure *in judicio* est la même aux deux époques, nous passons immédiatement aux formalités qui, sous le second système, avaient lieu *in jure*.

La procédure *per sponsionem* est une imitation de l'action *sacramenti*. Seulement la possession restait à celui qui l'avait antérieurement à l'action, il donnait seul une *sponsio* et la caution *pro prœde litis et vendiciarum;* dans la formule pétitoire, le demandeur prétendait seul à un droit réel, et il énonçait cette prétention qui servait de base à la formule qu'on lui délivrait, après que le défendeur avait donné la caution *judicatum solvi;* puis on allait *in judicio*.

Pour notre action, c'était les centumvirs qui jugeaient; ils avaient une existence permanente et se réunissaient sous la présidence d'un magistrat supérieur. Organisé probablement sous Servius Tullius, ce tribunal subsista jusqu'à l'époque de Constantin.

Chacun des contendants exposent devant eux ses moyens d'action et de défense. Lorsque les juges ont acquis la conviction que le demandeur est héritier, ils le déclarent dans la *pronuntiatio* qui a, par elle-même, l'autorité de la chose jugée, et est immédiatement suivie de l'ordre de restituer adressé au défendeur.

Si, conformément au *jussus*, le défendeur restitue, il est absous. S'il fait une restitution incomplète, il est condamné à l'estimation de ce qui manque. Si le défendeur demande un délai pour restituer, les juges peuvent, en le lui accordant, surseoir au jugement ou bien l'absoudre après lui avoir fait donner caution de restituer. S'il ne veut pas obéir, et qu'il ait la chose en sa possession, les juges requèrent la force publique, lorsque, du moins, ils ne rencontrent qu'un obstacle de fait, comme le refus de laisser entrer en possession; s'il fallait un acte juridique qui demandât le concours de la volonté du défendeur, cette exécution forcée serait impossible. Du reste, tous les commentateurs n'admettent pas l'existence de cette voie de contrainte. Ils expliquent les termes *manu militari*, dans la loi 66, VI, 1, par une interpollation de Tribonien, et prétendent que du temps des jurisconsultes classiques *la contumacia*, la résistance du possesseur ne pouvait être vaincue que par la crainte du taux exagéré de la condamnation pécuniaire; l'estimation, base de la condamnation, étant faite par le demandeur *sine taxatione ulla*. Il est vrai que Gaïus, qui nous dit que la condamnation est entièrement pécuniaire, ne nous parle, à l'occasion du refus de restituer, que de dommages-intérêts, IV, § 163; mais probablement on avait fini par admettre, dans la jurisprudence classique, le pouvoir pour les juges de faire lever, par la force, l'obstacle que leur ordre de restituer rencontrait dans l'inertie ou la résistance du possesseur. Cette *manus militaris* désigne les *officiales*, agents d'exécution qui, sous l'empire, avaient remplacé les *tuitores* ou *viatores* de la république, et en différaient par un caractère militaire. Exécuteurs ordinaires des ordres du Préteur, ils pouvaient prêter main forte aux juges sur leur réquisition. Si Tribonien eut interpollé quelques mots à l'occasion de cette voie d'exécution forcée, il ne se serait point servi des termes *manus militaris* que nous retrouvons encore dans un texte de Pomponius, loi 9, § 1, ff. 472, depuis Constantin les emplois militaires ayant été soigneusement distingués des emplois civils. Il n'aurait pas non plus, comme dans ce texte, ajouté : il ne reste plus qu'à condamner pour les fruits. Tribonien ne connaissait plus de condamnations pécuniaires, et il aurait exigé la condamnation pour la chose comme pour les fruits.

Enfin, pourquoi le demandeur qui réclame l'estimation est-il dans une position différente, quand le défendeur possède ou quand il a possédé par dol. Dans le premier cas il doit céder ses actions, et dans le second il ne doit rien au possesseur. N'est-ce pas que le demandeur pouvant, lorsque le défendeur possède, se faire remettre en possession *manu militari* et préférant bénéficier de l'estimation, abandonne dans ce cas la propriété, et doit céder ses actions. Cet abandon de la propriété que l'on appuie sur les termes de la loi 46, VI, 1, est lui-même contesté, et M. de Savigny dit que le défendeur ne peut avoir qu'une possession protégée par l'exception *rei in judicium latæ*. L'argument n'en subsisterait pas moins, qu'il y eût abandon de ses droits à la propriété ou de ses droits à la possession.

Si la restitution volontaire ou forcée n'a pas eu lieu, le juge doit procéder à la condamnation; si le défendeur a perdu la possession par son dol, la base de la condamnation doit être l'estimation que fera le demandeur.

Le juge peut exiger du demandeur à qui il donne à faire cette estimation, le serment de ne la point faire exagérée, mais bien *quanti interest*. La pétition d'hérédité étant une *actio bonæ fidei*, il imposera une *taxatio*, un maximum à l'estimation, comme le dit Ulpien, loi 4, § 2 et 3, ff, *de in litem jurando*, et Marcien, loi 5, Pro. § 1 et 2, ff., *id.*

S'il n'y a point la circonstance du dol, c'est le juge lui-même qui doit, sur sa propre estimation, établir le montant de la condamnation.

Quand le fait donne lieu à plusieurs actions, par exemple, le dommage causé à l'esclave qui peut se poursuivre par l'action *aquiliæ legis*, par l'action réelle, les juges ne doivent condamner dans l'action réelle, si le demandeur ne donne une promesse par stipulation de ne pas agir par l'action *legis aquiliæ;* si le demandeur refuse cette promesse, parce qu'il préfère agir par l'action *legis aquiliæ,* qui est à la fois *rei persecutoria* et *pœnalis,* ou *les inficiando crescit* et ou la valeur de la chose qui doit servir de base à la condamnation est la plus forte que la chose ait atteinte dans l'année ou dans les trente jours qui ont précédé le dommage, alors il y aura absolution dans l'action réelle.

Dans la troisième période, tout se passe d'une manière analogue, mais devant le magistrat qui réunit aux fonctions qu'il avait dans le temps antérieur celles des juges.

35. Quant à ce qui est de la compétence, en matière d'hérédité, il faut agir devant le juge du domicile du défunt, ou celui du territoire où se trouve la plus grande partie de l'hérédité.

36. L'action en pétition d'hérédité s'éteint lorsqu'elle n'a pas été exercée pendant trente ans.

Il n'en était point ainsi à l'origine, toutes les actions étaient imprescriptibles. Les Préteurs mirent d'abord quelques restrictions : en établiss nt de nouvelles actions, ils leur imposèrent d'être exercées dans l'année. La pétition utile se prescrit ainsi. Puis pour les *speciales in rem actiones* on créa *la longi temporis prescriptio*. Le possesseur put opposer une prescription de dix ou vingt ans, s'il opposait le titre et la *bona fides* sans avoir consommé l'usucapion.

Constantin suppléa à l'absence du titre et de *bona fides* par une possession plus longue, trente ou quarante ans. Enfin, Théodose établit une prescription de trente ans, pour l'action *in rem universalis*, la pétition d'hérédité ; enfin, Justinien, dans une de ses constitutions, sanctionna l'observation générale de la prescription trentenaire, sauf le cas de l'action hypothécaire.

Il faut remarquer que ce délai de trente ans commence dès que le possesseur cesse de reconnaître d'une manière quelconque le droit du propriétaire (Loi 2 et 7, § 6, 30, § 1, C.) L'action en pétition d'hérédité cesse encore de pouvoir être exercée quand l'usucapion a fait acquérir la propriété à un tiers, c'est à dire quand la possession commencée de bonne foi et avec un juste titre a été continuée trois ans, s'il s'agit de meubles, dix ans ou vingt ans, s'il s'agit d'immeubles.

DROIT FRANÇAIS.

De la transmission de l'hérédité.

Introduction.

(1) Domat a dit : « Les obligations sont les liens dont « Dieu s'est servi pour maintenir la société des hommes « dans tous les lieux, comme la nature des successions « est d'en maintenir la durée dans tous les temps. » La société retomberait dans le chaos, si les biens, les droits actifs et passifs de la génération qui s'éteint, n'étaient pas transmis, suivant un ordre réglé d'avance, à la génération qui la suit et la remplace. Il est donc d'une nécessité absolue que la loi positive intervienne pour régler cet *ordre* qui maintient celui de la société.

(2) On a souvent agité la question de savoir si le droit de succession a son fondement dans le droit naturel ou dans *le droit civil*. Sans doute, on peut dire que la Providence en livrant à l'homme les choses matérielles, pour les exploiter et s'en servir, les a destinées à devenir entre les mains qui les fécondent objet de propriété, et qu'il n'y a point de propriété sans lendemain, sans avenir. On peut ajouter que ce droit de propriété se développe dans l'état social et de famille pour lequel l'homme est né, et que la nature elle-même semble établir entre les membres de cette société partielle, et surtout « entre « le père et les enfants, une espèce de communauté de

« biens, en sorte que la succession n'est pour ainsi dire « qu'une jouissance continuée (Treilhard, Exposé des motifs). » Cette idée se retrouve au fond de toutes les législations. Saillante dans le *condominium* du Droit germanique, qui est la source principale de notre Droit coutumier, elle n'avait point été étrangère aux jurisconsultes romains, comme le prouvent deux textes de Paul, la loi 7 ff. *de bonis damn.*, et la loi 11, ff. *de liberis et posthumis*, dans laquelle il dit : *In suis heredibus evidentius apparet continuationem dominii eò rem perducere, ut nulla videatur hæreditas fuisse, quasi olim hi domini essent, qui etiam vivo patrè quodammodò domini existimantur.*

(3) Mais s'il est vrai que la législation doit, sous peine de contrarier la nature et de blesser l'équité, tenir grand compte des rapports de famille et des devoirs qui en résultent, surtout entre le père et les enfants, il faut reconnaître qu'il appartient au Droit civil de régler la répartition des biens sur lesquels le droit du propriétaire s'est éteint avec sa vie : « Comment le partage sera-t-il fait « entre les enfants, et à défauts d'enfants, entre les pro- « ches ? accordera-t-on plus de faveur à un sexe qu'à « un autre ? Attachera-t-on quelque préférence à la pri- « mogéniture ? Traitera-t-on également les enfants natu- « rels et les enfants légitimes ? S'il n'y a point d'enfants, « appellera-t-on les collatéraux à quelque degré qu'ils soient. » (Portalis, Discours préliminaire sur le projet de Code civil).

Les biens seront-ils divisés entre les parents des deux lignes paternelle et maternelle, ou bien seront-ils affectés à la ligne de laquelle ils sont provenus ? Ces questions et beaucoup d'autres que présente le règlement de l'ordre des successions ne peuvent être résolues que par le Droit civil. Elles l'ont été diversement suivant les lieux et les époques. Comme les lois de succession, par la direction qu'elles donnent à la répartition des biens, exercent une influence, d'autant plus forte qu'elle est incessante, sur les situations des diverses classes et par là sur l'ordre général de la société, le législateur s'est presque toujours inspiré du droit politique qui dominait dans le pays et à l'époque pour lesquels il statuait. Montesquieu se plaît à faire ressortir la variété et l'arbitraire qui existent sur ce point dans les lois de différents peuples (*Esprit des Lois*, liv. 26, chap. VI). Mais que les lois de succession s'écartent, comme celles qu'il cite en exemple, des inspirations de la nature et de l'équité, ou qu'elles soient dictées par leurs généreuses inspirations comme les lois qui nous régissent, les unes et les autres appartiennent au Droit civil du pays pour lequel elles sont faites, et où elles veulent faire prévaloir leurs principes avec toutes leurs conséquences.

(4) S'il appartient au Droit civil de régler la transmission successorale, chaque citoyen ne peut s'arroger, en vertu d'un prétendu droit naturel préexistant, une autorité qui s'élèverait au dessus de celle des lois. « Le droit » de propriété finit avec la vie du propriétaire » (Portalis, Discours préliminaire sur le projet de Code civil). Le pouvoir que le testateur exerce, il le tient de la loi civile elle-même, qui en règle les conditions, les formes et les limites. Ainsi que la succession *ab intèstat*, le pouvoir de disposer par testament a été diversement réglé suivant les lieux et les époques, sous l'influence du droit politique dominant. Ce pouvoir a été tantôt étendu, comme chez les Romains, d'une manière à peu près illimitée, tantôt restreint, comme dans certaines provinces

de France soumises au Droit coutumier, et quelquefois même presque anéanti, comme sous l'empire éphémère des lois des 5 brumaire et 17 nivôse, an II.

(5) Cependant, pour soutenir que la faculté de tester est de droit naturel, on a objecté que l'ordre des successions est fondé sur la volonté présumée du *de cujus*, et l'on a cru pouvoir en conclure que c'est la volonté du *de cujus* qui doit faire loi (Grotius). Mais la volonté réelle qui est sujette à s'égarer peut n'être pas conforme à cette volonté bien réglée que la loi présume d'après l'ordre des relations de parenté, des devoirs de famille et des affections dirigées par ces devoirs. Ce que la loi érige en règle, c'est ce que le *de cujus* a dû vouloir, et non ce qu'il a pu vouloir par caprice ou dérèglement.

(6) L'histoire du Droit prouve, au reste, que l'ordre des successions, pendant longtemps et presque partout, a été réglé par d'autres considérations que par les affections présumées du défunt. Si l'état le plus récent du Droit romain établi par Justinien, sous l'influence du christianisme, se rapproche de ce dernier type, auquel notre Droit actuel est encore plus conforme, l'ancien Droit romain faisait dépendre l'ordre de la succession *ab intestat* des rapports qui dérivaient de la constitution particulière de la famille romaine, et que formait le lien de la puissance paternelle, lien de fer et d'airain, entre le *pater familias* et ceux qui étaient soumis à sa puissance, *sui, agnati, gentiles*. La parenté par les femmes ne conférait aucun droit : la mère et ses enfants n'étaient point appelés à la succession les uns des autres, jusqu'aux sénatus-consultes Tertullien et Orphitien.

(7) Mais comme toutes les institutions humaines sont sujettes à périr par l'excès et l'abus de leur principe, la

puissance du *pater familias*, qui était le fondement de la constitution de la famille et conséquemment de l'ordre des successions, devint l'instrument qui servit à ébranler cet ordre. Cette puissance du *pater familias* était si forte que même après sa mort elle faisait loi. Les Romains virent d'abord, il est vrai, dans la faculté de tester une dérogation à la loi civile qui avait réglé l'ordre de succession, et ils reconnurent que l'exercice de cette faculté, pour être légitimé, avait besoin d'être soumis aux comices curiales assemblés pour les actes les plus importants de la vie politique et religieuse. Mais on parvint bientôt à s'affranchir de ces restrictions et de ces garanties établies par les patriciens dans l'intérêt de la conservation du droit antique, et qui répugnaient à l'esprit d'indépendance et au goût de la volonté personnelle si puissant dans le cœur des Romains. On recourut d'abord au moyen détourné de la mancipation *per æs et libram*. Puis on se contenta de faire sceller le testament du sceau de sept témoins. La volonté du testateur, libre de toute entrave, fut proclamée la loi suprême, *uti legassit super pecunià tutela ve rei suæ, ita jus esto* (loi des XII Tables). Ce pouvoir, à peu près sans limites, devint une source d'abus, et il fallut que la loi civile et surtout les Préteurs inventâssent des moyens de venir au secours des diverses classes d'héritiers légitimes exclus par le testateur.

(8) Quoiqu'il en soit, le Droit romain, à travers toutes les modifications qu'il a subies, a toujours donné la préférence à la succession testamentaire sur la succession *ab intestat*. Le principe qui a survécu à tous les changements de cette législation, même sur notre sol, dans les pays de Droit écrit, c'est qu'il ne peut y avoir d'héritier *ab intestat* qu'à défaut d'une institution testamentaire

valable. Au contraire, le Droit coutumier, qui avait son origine dans le Droit germanique et qui a fait une grande place aux idées de copropriété et de solidarité de la famille germaine, a proclamé la prééminence des droits de la famille sur la transmission testamentaire. C'est ce qu'exprimait la règle coutumière : *Institution d'hérédité n'a point de lieu.* Ce n'étaient point, il est vrai, les seuls droits du sang et de la parenté naturelle, c'étaient surtout le droit de l'héritier lignager et l'affectation des biens paternels ou maternels aux parents de chaque ligne, que les coutumes voulaient faire prévaloir, afin d'assurer la conservation des biens dans les mêmes familles. Mais il y avait là un principe qui, dégagé de l'alliage des idées féodales et ramené à toute sa pureté, méritait d'être inscrit parmi les principes essentiels d'une loi de succession fondée, comme la nôtre, sur les droits du sang et sur l'affection réciproque dérivant des relations de parenté.

(9) Sans doute, il est juste et moral de laisser l'autorité paternelle s'exercer dans le cercle de la famille, et s'armer au besoin dans une certaine mesure du pouvoir de disposer qui lui sert de sanction. En dehors des relations de famille et des devoirs qu'elles imposent, le citoyen peut se trouver aux prises avec des circonstances variables à l'infini que la loi ne saurait prévoir, et il convient qu'elle lui laisse la liberté de disposition nécessaire pour acquitter la dette de la reconnaissance ou de l'amitié, pour soulager l'infortune, et pour s'honorer par des œuvres de charité. Mais nous pensons que tout en respectant et en maintenant dans cette mesure le droit de tester, le législateur moderne, fidèle à la tradition de l'ancien Droit français qu'il a recueillie pour l'épurer et la rattacher à ses bases naturelles, n'a point voulu réta-

blir, aux mépris des droits de la famille, l'hérédité testamentaire du Droit romain.

(10) Nous ne faisons qu'indiquer cette opinion, car nous ne nous proposons point de retracer et d'expliquer ici l'ensemble des dispositions par lesquelles notre législation actuelle a combiné, dans une proportion plus ou moins étendue, le pouvoir de tester avec les devoirs qui résultent des liens de famille, ni la répartition de la succession du défunt entre les parents, ni les mesures prises par le législateur pour amener une distribution de biens plus égale dans la famille et dans la société. Tout ce qui concerne le règlement de l'ordre des successions, tout ce qui est relatif à la vocation et à l'aptitude des divers héritiers ou successeurs est en dehors de notre sujet. Nous prenons les choses au moment où la dévolution de la succession est déjà faite et nous ne nous occupons que de ses effets. Car dans quelque sens et dans quelque direction que s'opère la transmission héréditaire, elle a des effets empreints d'un caractère de nécessité sociale qui seront l'objet particulier de ce travail.

(11) Les Romains, avec leur esprit éminemment juridique, avaient conçu et organisé dès l'origine une idée grande et féconde, celle de l'universalité du titre héréditaire et de la continuation de la personne du défunt par l'héritier. *Nihil aliud est hæreditas quam successio in universum jus quod defunctus habuit.* (L. ff. 24 *de verb. sign.*) En conséquence, l'hérédité est une : *qui totam hereditatem adire potest, is pro parte scindendo, eam adire non potest.* (L. 1, ff. *de acq. vel omitt.*) Il suit de là que, comme il ne peut y avoir deux hérédités, l'hérédité testamentaire et l'hérédité légitime ne peuvent coexister ensemble : *jus nostrum non patitur eumdem in*

paganis et testato et intestato decessisse earumque rerum inter se pugna est, testatus et intestatus. (L. 7, ff. *de rég. Jur.*)

(12) L'idée de la représentation juridique du défunt et de la continuation de la personne du défunt par l'héritier se liait sans doute, dans l'origine, à des idées politiques et religieuses, au dépôt des *sacra privata* entre les mains de cet héritier institué, si cher aux Romains. Mais il faut reconnaître là un principe de tous les temps que la législation moderne devait recueillir et développer, sauf à l'appliquer à l'héritier du sang. Cicéron dit quelque part : il semble que chaque homme figure ici-bas sur un théâtre où, lorsqu'il se retire, un autre personnage entre en sa place. L'intérêt social exige, en effet, que la place du défunt ne demeure point vacante, et que les rapports qu'il soutenait avec les personnes et les choses ne soient point brisés, ni même, s'il est possible, interrompus. Il faut, pour réaliser pleinement cette idée, que les droits dont jouissait le défunt passent immédiatement et sans lacune à une personne qui en soit investie à l'égard de tous par un titre notoire et indélébile.

(13) Dans le système du Droit romain qui fait toujours prévaloir l'hérédité testamentaire sur l'hérédité légitime, il y a forcément une lacune dans l'intervalle qui sépare l'instant de la mort du défunt, du moment où il devient certain qu'il n'y aura point d'héritier testamentaire, soit par suite de la nullité du testament, de l'incapacité ou du refus de l'héritier institué, car c'est seulement alors que l'hérédité *ab intestat* peut s'ouvrir. Pendant cet intervalle, l'hérédité est en suspens, et les Romains, pour parer autant que possible aux inconvé-

nients de cet état de choses, ont été obligés d'admettre la fiction de l'hérédité jacente, fiction qui a elle-même ses inconvénients auxquels l'effet rétroactif de l'adition ne pouvait entièrement remédier. Au contraire, dans le système du Droit coutumier qui faisait prévaloir l'hérédité légitime, et qui ne reconnaissait en dehors de cette hérédité que des légataires, il y avait un héritier, le lignager, appelé, désigné par une vocation notoire et certaine, tellement certaine, que l'on disait de lui : *si tost comme hoir est né, nous créons que li droit du père et de la mère li soit descendu temporèlement, et par le baptesme li héritage de Paradis espirituellement* (Beaumanoir).

(14) De même dans notre Droit actuel qui donne aussi la préférence à l'hérédité légitime. Il y a presque toujours (car il est bien rare que les successibles jusqu'au douzième degré viennent à manquer), il y a presque toujours, disons-nous, un héritier du sang, un héritier présomptif, désigné par son rang dans la famille, par son titre légal, dans la personne duquel s'opère de plein droit, sans intervalle, sans lacune, la continuation de la personne du défunt, et auquel tous les tiers, créanciers de la succession ou légataires, doivent s'adresser.

(15) Comme conséquence de ce principe, la saisine de toute l'hérédité appartenait, dans les pays coutumiers, à l'héritier du sang. Il est juste et utile, en effet, que l'exercice de tous les droits héréditaires actifs et passifs se trouve remis à celui qui a sur la succession le titre le plus certain et le plus notoire. Nous montrerons comment le bénéfice de la saisine légale a été conservé dans notre Droit actuel, et avec quelle modification.

(16) Le principe de la continuation de la personne du défunt a pour conséquence la confusion du patrimoine

de celui-ci avec le patrimoine de l'héritier. Nous dirons comment les créanciers héréditaires sont garantis par le bénéfice de la séparation des patrimoines, du préjudice qui pourrait résulter pour eux de cette confusion dans le cas où l'héritier serait insolvable.

La conséquence la plus importante de la continuation de la personne du défunt par l'héritier et de la confusion des patrimoines, est d'obliger l'héritier à répondre indéfiniment des dettes consenties par le *de cujus*. Nous montrerons comment la loi est venue au secours de l'héritier par le bénéfice d'inventaire, qui lui permet de ne payer les dettes héréditaires que jusqu'à concurrence des biens par lui recueillis.

Nous montrerons enfin quelles sont les modifications qu'apporte dans la jouissance ou l'exercice des droits héréditaires le concours de plusieurs héritiers, et quels sont le caractère et les effets de l'indivision qui précède le partage des biens, et du partage lui-même.

(17) Le principe de la continuation de la personne du défunt, ne s'applique point aux successeurs irréguliers. Ceux-ci ne sont que successeurs aux biens, et par conséquent ils ne sont tenus des dettes que dans la mesure de leur émolument. Ils ne sont point investis par la loi de la saisine légale, et pour être mis régulièrement en possession des biens héréditaires, ils sont tenus de remplir certaines formalités préalables destinées à garantir les droits éventuels des héritiers légitimes qui pourraient se révéler.

(18) Les légataires universels ou à titre universel sont dans une situation analogue. Ils ne sont pas les continuations de la personne, les représentants juridiques du défunt, par voie de conséquence, leurs obliga-

tions sont restreintes dans la mesure de leur émolument, sans qu'ils soient tenus de faire une déclaration d'acceptation sous bénéfice d'inventaire. Il suffit qu'ils remplissent les formalités nécessaires pour établir la consistance de l'actif héréditaire.

Seulement, pour ce qui concerne la saisine légale, une concession a été faite dans notre Code aux réclamations des pays de Droit écrit, en faveur du légataire universel qui se trouvant en concours avec des héritiers non réservataires, exclut ceux-ci de la succession.

Mais ce privilége est refusé au légataire universel qui se trouve en concours avec des réservataires. Les réserves ne sont pas dans notre Droit, comme les légitimes des pays de Droit écrit, de simples charges de biens. C'est comme héritier et en vertu du titre le plus certain et le plus indélébile que le réservataire est appelé à la succession. Son droit embrasse d'abord l'hérédité toute entière dont la réserve est l'élément le plus fixe et le plus stable. Il lui appartient de défendre ses intérêts, qui sont sacrés, dans la fixation des quotités disponible et indisponible, et d'assurer jusque-là le maintien de l'état antérieur et la conservation de l'intégralité de la succession. C'est aux légataires à former contre lui leur demande en délivrance.

(10) La situation que la loi fait à cet héritier réalise pour nous de la manière la plus complète, et dans toutes ses conséquences, l'idée que les Romains avaient conçue de la représentation et de la continuation de la personne du défunt, idée qui ne doit et ne peut s'appliquer avec tous ses avantages qu'à l'héritier du sang; elle est pour nous le type du droit héréditaire. Quoi de plus juste, de plus raisonnable et de plus conséquent que de faire

de la succession du père aux enfants le type et le modèle du droit de succession fondé, comme il l'est dans notre Code, sur l'affection présumée d'après les liens de famille.

De la transmission de l'hérédité.

(20) L'hérédité est le patrimoine qu'une personne délaisse lors de sa mort naturelle ou civile.

Le patrimoine est l'extension de la personnalité sur les objets extérieurs : c'est l'ensemble des rapports d'une personne avec les objets extérieurs, considérés au point de vue de leur utilité, et comme des biens sur lesquels cette personne a des droits à exercer. C'est en même temps l'ensemble des droits passifs, des dettes et charges qui, juridiquement inséparables de l'universalité des biens, sont contenus dans ces biens dont elles diminuent l'émolument. C'est la collection de tous les droits et de toutes les obligations d'un citoyen, la réunion de son actif et de son passif.

Il résulte de cette notion du patrimoine et de son universalité, qu'une personne ne peut avoir qu'un seul patrimoine.

(21) Pour remédier aux effets rigoureux de la puissance paternelle qui empêchaient le fils de famille de rien acquérir et de rien posséder en propre, les Romains avaient admis l'existence de plusieurs pécules ou patrimoines particuliers; *castrans, adventice, profectice*. La distinction des biens, d'après leur origine, produisait, à certains égards, quelques effets analogues dans notre ancien Droit coutumier. « Les Français, comme gens « de guerre, dit Loisel, ont reçu divers patrimoines et

« plusieurs sortes d'héritiers d'une même personne. » Le Droit actuel n'admet plus ces distinctions entre les biens à raison de leur origine, et rien ne vient plus altérer, dans sa pureté, la notion du patrimoine et de son unité.

(22) Si l'on considère le patrimoine au point de vue de sa valeur pécuniaire, on reconnait qu'il peut descendre au dessous de zéro. L'élément passif étant en dernière analyse plus considérable que l'élément actif, il y a insolvabilité.

(23) C'était une tâche pour la mémoire d'un Romain que de mourir sans héritier, et de laisser vendre, sous son nom, son hérédité pour payer ses créanciers. En outre, dans leurs idées religieuses et politiques, les Romains voulaient avoir un héritier auquel ils pussent transmettre le dépôt des *sacra privata,* les soins du culte des dieux domestiques, le paiement des frais du culte public et la communauté des sacrifices (Gaïus). De là vint l'antique institution qui fait de l'héritier le représentant juridique et le continuateur de la personne du défunt.

(24) Chez les Germains, pour assurer dans la famille la copropriété des biens et la solidarité des personnes au point de vue de la défense commune et de la réparation des offenses, il fallait que les droits et les devoirs de cette famille, personnifiés dans son chef, eussent en lui un représentant chargé de répondre pour tous; et le maintien de cet état de choses exigeait que ce chef venant à mourir, se trouvât remplacé par un nouveau représentant des droits et des devoirs de cette société partielle.

(25) Le Droit coutumier a recueilli et conservé, en faveur des héritiers du sang, le principe de la représen-

tation juridique et de la continuation de la personne du défunt.

Par l'effet de ce principe qui est encore aujourd'hui dans toute sa force, le patrimoine du défunt est censé ne pas changer de maître. Les obligations dont l'ensemble constitue le passif, subsistent, dans toute leur étendue, contre l'héritier. Celui-ci ne peut s'en libérer que comme le débiteur primitif, par un paiement intégral, et non par l'abandon de l'actif. Il a, d'un autre côté, sur les biens corporels qui constituent cet actif et pour obtenir le paiement des obligations qui en font également partie, les mêmes droits que son auteur. En effet, le propriétaire, le créancier, le débiteur primitif n'a point légalement changé, il est toujours le même.

Il peut y avoir d'autres successeurs aux biens du défunt, soit qu'il laisse des successeurs irréguliers, qu'il ait donné ce que la loi permet par une faveur spéciale dans le contrat de mariage, ou légué par testament une quote-part, la totalité même de ses biens et comme l'universalité ou une quote-part de cette universalité, renferme et emporte avec elle la charge des dettes, suivant la maxime *bona non sunt nisi deducto œre alieno;* ces successeurs, donataires ou légataires universels, doivent supporter cette charge. Mais les dettes n'étant, dans ce cas, qu'une charge des biens, ces simples successeurs n'en sont tenus que dans la mesure et dans la limite de l'émolument qu'ils recueillent.

(26) L'héritier continuateur de la personne du défunt, succède seul à ses obligations personnelles d'une manière indéfinie.

Mais en est-il ainsi du paiement des legs?

Cette question avait été résolue, dans le sens de l'affirmative, par Justinien, Novelle 1, chap. 2, § 2, où il dit : « *Si vero non fecerit inventarium secundum hanc figuram, sicut præ diximus, non retinebit falcidium, sed complebit legatarios et fidei commissarios, licet pura substantiæ morientis transcendat mensuram legatorum datio.* »

Dans l'ancien Droit français, l'héritier avait droit de retenir, contre les légataires, la portion des propres qui lui était réservée par la coutume, et l'héritier réservataire a le même droit aujourd'hui pour la portion indisponible qui forme sa réserve légale.

Mais, en dehors du cas où il s'agissait d'assurer le maintien des droits de réserve, le droit établi par la Novelle de Justinien était généralement suivi. L'héritier des pays de Droit écrit était obligé indéfiniment, *ultra vires*, au paiement des legs, suivant Furgole. Sans doute, il n'en était pas de même du légataire universel des pays coutumiers, mais c'est par la raison que ces légataires universels, comme simples successeurs aux biens, n'étaient tenus même des dettes que jusqu'à concurrence de l'émolument.

Nous pensons que les mêmes solutions doivent être admises aujourd'hui. Le Code place partout, sur la même ligne, les dettes et les charges de la succession dans lesquelles sont compris les legs. Le Code oblige également l'héritier à l'acquittement des unes et des autres, et aucune disposition n'autorise à les distinguer. (Merlin, Grenier, Toullier.)

(27) Le vœu de la loi, toujours conforme à l'intérêt général, est qu'il soit satisfait à ces obligations. Le législateur a pensé que ce vœu serait mieux compris et plus fidèlement accompli par un héritier du sang que par un

étranger. Il a compté sur l'esprit de famille pour faire honneur à la mémoire du défunt, et pour conserver son nom sans tache.

La puissance du *pater familias* et la solidarité guerrière des Germains n'existent plus, il est vrai, mais on trouve encore, dans la famille, la solidarité de l'honneur commun et le respect du nom que l'on porte. Les liens entre parents, moins forcés et moins rigoureux que dans la famille antique, n'ont rien perdu sous le rapport des sentiments d'affection qui font leur véritable puissance.

Notre législateur a fondé le droit de succession et tous ses effets, sur la présomption de cette affection réciproque entre les proches, qui, d'un côté, fait désirer au père de famille de revivre dans les siens, après avoir travaillé pour eux, et qui, d'un autre côté, nous fait porter avec respect le fardeau des charges qu'il nous laisse.

Saisine héréditaire.

(28) L'un des avantages accordés par la loi aux héritiers légitimes est le bénéfice de la saisine. Tous les successeurs, héritiers légitimes, successeurs irréguliers donataires ou légataires, sont investis, au moment même où s'ouvre la succession, des droits que leur confère leur titre héréditaire, mais quelques-uns sont investis immédiatement, et sans formalités préliminaires, de l'exercice de ces droits, c'est à dire qu'ils jouissent seuls de la saisine. Autre chose est la propriété, autre chose est la saisine (Joubert, Locré, tome XI).

(29) En poussant les recherches assez avant dans l'histoire du Droit pour remonter jusqu'à l'origine de la

saisine, on a reconnu que cette institution, qui vient du Droit coutumier, avait pris sa source dans le régime germanique. La solidarité de la famille germaine personnifiée dans son chef, ne pouvait se perpétuer qu'autant que ce chef venant à mourir se trouvât immédiatement et sans intervalle remplacé par un nouveau représentant des droits, par un nouveau garant des devoirs de l'association. Dans le Droit germanique comme dans le Droit des fiefs, la saisine, liée au *mundium* ou à la *mainbournie*, n'appartenait qu'à l'héritier capable de garder et de défendre les membres plus faibles de la famille, les femmes, les enfants, etc. De là sont venus deux principes qui ont passé dans le Droit coutumier : la saisine pour les choses, la garde pour les personnes (Klimrath).

(30) Le principe de la saisine, passé de là dans le Droit coutumier, s'y est développé avec une grande énergie ; il a eu à lutter avec le système de la concession féodale.

Dans ce système, le seigneur retenait le domaine direct des biens dont il concédait le domaine utile au vassal. Le vassal venant à mourir, le seigneur était, suivant le Droit des fiefs, saisi du domaine utile qui faisait réversion au domaine direct, et il en saisissait l'héritier du vassal moyennant la prestation de foi et hommage et le paiement du Droit de relief. Si l'investiture n'était pas demandée au seigneur dans l'année, le seigneur avait prescrit contre le vassal.

Les seigneurs s'efforcèrent d'étendre l'application de ce Droit des fiefs en faisant prévaloir la maxime : *nulle terre sans seigneur*. On leur opposa le principe de la saisine héréditaire qui s'était perpétué depuis le Droit germanique à travers le chaos de la barbarie. Ce principe vivace finit par triompher, au moyen de transactions sur la prestation des devoirs féodaux. Il se formula nettement dans la coutume par cet axiôme : *Le mort saisit le vif son plus proche héritier habile à lui succéder.*

(31) C'est la saisine, ou possession de l'universalité héréditaire qui s'acquiert sans aucun fait, telle que l'avait le défunt. En général, la possession, qui se conserve *solo animo*, ne peut s'acquérir que par un fait (Paul, loi 30, ff. *de acq. vel amitt. posses.*), au lieu que la saisine se transmet de plein droit et sans intervalle à l'héritier. C'est l'exercice des droits qui se continue sans interruption. Ce principe s'adaptait merveilleusement au droit de l'héritier, qui, dans le système coutumier, était d'avance fixé par la vocation certaine et notoire du lignager, en sorte que, relativement aux propres de sa ligne, la succession n'était guère autre chose que la réalisation de la condition suspensive sous laquelle le successible était propriétaire, au moins de la plus grande partie des propres.

(32) Le système du Droit romain sur les successions semble, au contraire, répugner à l'idée de la saisine. La disposition par testament prévalant sur les droits du sang, et la succession *ab intestat* ne s'ouvrant pas, tant que l'on pouvait espérer un héritier testamentaire, la personne à laquelle passerait l'hérédité demeurait d'abord incertaine. Dans l'intervalle qui s'écoulait entre l'instant de la mort du *de cujus* et l'époque de l'adition d'hérédité, une fiction fut admise, d'après laquelle l'hérédité jacente représentait le défunt. Les effets de la rétroactivité attachée à l'adition d'hérédité ne sauraient être assimilés à ceux de la saisine. Car il ne faut pas confondre la saisine avec l'acquisition et la transmissibilité du droit de succession

à partir de son ouverture. Ces effets, qui tiennent au fond du droit, s'opèrent aussi bien en faveur des successeurs irréguliers qu'en faveur des successeurs légitimes.

(33) La saisine est un moyen de pourvoir à la nécessité sociale, qui veut que la place du défunt ne demeure point vacante, que ses biens soient possédés et administrés sans retard et sans intervalle, et que les créanciers de la succession et tous les autres intéressés trouvent une personne contre laquelle ils puissent agir et entre les mains de laquelle ils puissent éteindre leurs obligations.

C'est, en un mot, une investiture légale et libre de formalités de l'exercice des droits attachés à la qualité d'héritier. L'un des effets les plus importants de la saisine est de donner à l'héritier dont le titre est le plus certain, les moyens d'empêcher que les prétendants à la succession ne s'emparent de tout ou partie des biens sans avoir fait vérifier leurs droits.

La saisine consiste dans la faculté pour l'héritier présomptif d'exercer tous les droits héréditaires, en se mettant spontanément en possession des biens corporels et en faisant valoir les biens incorporels qui dépendent de la succession. Elle lui donne le droit d'entrer dans la maison mortuaire, d'y ouvrir les tiroirs et les coffres, de prendre ce qui y est enfermé, de se faire remettre par les débiteurs de la succession les sommes ou les objets qu'ils sont tenus de payer et de les poursuivre à cet effet. D'un autre côté, elle donne le droit aux créanciers héréditaires de poursuivre l'héritier pour le paiement de leurs créances.

(34) La loi en investit d'abord les héritiers légitimes (art. 724) par opposition aux successeurs irréguliers, et les héritiers à réserve par préférence aux légataires universels

(art. 1004). Parmi eux, la saisine n'appartient de plein droit qu'au successible du premier degré : c'est l'attribut de la notoriété de son titre. S'il n'existe point d'héritiers à réserve, la saisine est également accordée au légataire universel institué par acte public, ou dont le titre olographe ou mystique a subi l'épreuve d'un examen fait en justice. C'est encore ici l'attribut de la notoriété du titre. Enfin, pour faciliter l'exécution de la volonté du testateur, elle peut être accordée à l'exécuteur testamentaire. Mais dans ce cas son objet est borné, et, d'ailleurs, elle n'a qu'un effet temporaire.

Confusion et séparation des patrimoines.

(35) Comme nous l'avons déjà dit, une personne ne peut avoir qu'un seul patrimoine, de même qu'il ne peut dédoubler sa propre personnalité. Il suit de là que l'héritier recueillant le patrimoine de son auteur, le confond dans le sien propre et qu'il n'existe plus après cette confusion qu'un seul patrimoine, celui de l'héritier, qui embrasse, outre les droits qu'il comprenait antérieurement, tous les droits dont jouissait le défunt, à l'exception de ceux qui, à raison de leur caractère essentiellement personnel, ne pouvaient se transmettre par la voie des successions. D'un autre côté, ce patrimoine est grevé, outre ses charges antérieures, de toutes les dettes et charges de l'hérédité, à l'exception de celles qui étaient exclusivement inhérentes à la personne du défunt. Ces deux ensembles de biens, d'origine différente, ainsi confondus, servent de gage commun aux deux masses de dettes également confondues, sans qu'il y ait à rechercher l'origine d'une dette ou d'un bien pour savoir s'il existe entre l'une et l'autre une relation d'origine.

La confusion des patrimoines n'a pas pour résultat que les hypothèques générales, dont jouissent les créanciers du défunt, affectent également les immeubles personnels de l'héritier. L'hypothèque est un droit qui n'existe pas et ne s'exerce pas, à proprement parler, contre la personne, c'est un droit accessoire qui n'existe et ne s'exerce que contre les biens, l'héritier n'en est pas tenu comme continuateur de la personne ; d'un autre côté, ce droit affecte exclusivement et limitativement le patrimoine du défunt. Or, après la confusion, le patrimoine du défunt ne subsiste plus. Le droit d'hypothèque créé par le défunt sur son patrimoine, ne peut s'appliquer et s'étendre sur celui de l'héritier. Il demeure spécialisé aux immeubles qui ont fait partie du patrimoine du défunt. Mais, au contraire, les droits de préférence antérieurement établis par l'héritier sur la généralité de son patrimoine, viennent frapper les biens héréditaires lorsqu'ils y sont entrés, et primer les créanciers du défunt sur ces biens qui, jusque là, formaient exclusivement leur gage. Les privilèges qui existent déjà ou prennent naissance en faveur des créanciers anciens ou nouveaux de l'héritier, priment toutes les créances moins favorisées, et l'héritier peut, comme tout propriétaire, créer par la voie de l'hypothèque, des droits de préférence entre ses divers créanciers. Cependant, les biens de l'héritier peuvent être insuffisants pour satisfaire ses créanciers, et il peut en résulter que ceux-ci ne laissent plus aux créanciers du défunt sur les biens héréditaires qu'une valeur inférieure au montant de leurs créances, et même qu'ils épuisent complètement l'actif héréditaire. C'est là un inconvénient que les créanciers héréditaires n'ont pu prévoir, et auquel ils ne pourraient se soustraire si la loi, pour protéger des droits acquis, n'avait introduit en leur faveur un remède spécial. Le législateur a donné aux créanciers de la succession et aux légataires le privilége de la séparation des patrimoines.

(36) Ce privilége existait dans le Droit romain d'où il a passé dans notre ancien Droit. Mais dans le Droit romain, il était soumis à des conditions plus spéciales et plus étroites. La place que la séparation des biens occupe dans les lois romaines et les détails dans lesquels entrent les textes sur cette matière, se réunissent pour établir que la demande en séparation s'interposait dans le cours d'une procédure en expropriation, dirigée n'importe par qui contre l'héritier du débiteur, comme un incident de cette procédure. Elle avait pour objet de faire qu'en cas d'insolvabilité de l'héritier, il y eût comme deux ventes séparées : des biens de l'héritier, et des biens de son auteur, *quasi duorum fieri bonorum venditionem*, L. 1, § 1, h. t. Si l'on avait laissé l'héritier vendre l'hérédité, la séparation ne pouvait plus être demandée. Les textes du Droit romain établissent aussi que les créanciers du défunt qui avaient obtenu la séparation, ne pouvaient, en cas d'insuffisance des biens héréditaires, recourir sur les biens de l'héritier, ou du moins que tous les créanciers de l'héritier leur étaient complétement préférés sur ses biens : La séparation des patrimoines était appliquée à la rigueur et d'une manière absolue.

La séparation des patrimoines a été élargie et affranchie de cette condition d'une procédure en expropriation dans l'ancien Droit français, qui se rapproche beaucoup de notre Droit en cette matière.

Seulement dans la pratique, la séparation des patrimoines était beaucoup moins utile qu'elle ne l'est sous l'empire du droit actuel, à cause de la différence introduite dans le régime hypothécaire et des conditions nouvelles de publicité et de spécialité. Dans l'ancien Droit français tous les créanciers, par contrats passés devant notaire, avaient, sur les biens de leur débiteur, une hypothèque générale, conservée sans inscription, qui avait des effets plus étendus, surtout sous le rapport des droits de suite, que la séparation des patrimoines. Les légataires acquéraient, à la date du décès du testateur, hypothèque par le seul effet de la loi. La séparation des patrimoines n'avait guère d'intérêt que pour les simples chirographaires, elle a beaucoup plus d'importance dans le régime actuel.

(37) Fondé sur le principe *bona non sunt nisi deducto œre alieno*, le privilége de séparation des patrimoines opère cet effet, dans l'intérêt des créanciers héréditaires, que le patrimoine du défunt demeure exclusivement affecté au paiement de leurs droits, par préférence aux droits des créanciers personnels de l'héritier.

(38) Ce privilége se conserve par une inscription qui doit être prise dans les six mois de l'ouverture de la succession; au moyen de cette inscription, les hypothèques des créanciers personnels de l'héritier, lors même qu'elles auraient été antérieurement inscrites, demeurent inefficaces sur les biens de la succession, à l'égard des créanciers héréditaires.

(39) Le privilége de séparation des patrimoines, d'une nature toute spéciale, a quelques-uns des caractères communs aux autres priviléges.

Il a pour base la qualité de la créance, celle de créance héréditaire, et il confère la priorité du droit, malgré la postériorité de date de l'inscription, enfin il se conserve par le même mode de publicité, mais il n'a point les effets qui dépasseraient le but dans lequel il est institué. Accordé par la loi comme une garantie contre les créanciers de l'héritier, il n'entraine aucun droit de suite contre les acquéreurs des biens héréditaires, et ne peut s'exercer après l'aliénation que sur le prix de ces biens qui serait encore dû et qui ne serait pas confondu dans les biens mobiliers de l'héritier.

En effet, les créanciers chirographaires du défunt doivent s'imputer de n'avoir pas prévu de son vivant l'éventualité d'une aliénation qu'il était maître d'opérer, et de n'avoir pas, dès lors, cherché à obtenir le droit hypothécaire avec toutes ses suites. La mort de leur débiteur n'opère point cette transformation de leurs droits. On soutient cependant que la séparation des patrimoines étant un privilége, doit, comme tout privilége, conférer un droit de suite. Sans doute, la séparation est bien un privilége, mais, nous l'avons déjà dit, un privilége d'une nature singulière et bornée, que la loi a omis à bon escient quand elle a énuméré les priviléges munis d'un double droit de suite et de préférence. Partout, sous l'impression de cette idée dominante que la séparation des patrimoines règle exclusivement les rapports des deux masses de créanciers, la loi désigne restrictivement ceux contre qui ce droit s'exerce, et ne parle pas du tiers-détenteur. D'autre part, l'article 880, qui déclare l'action éteinte quand le bien est sorti des mains de l'héritier, fait assez clairement comprendre qu'à défaut de droits contre le tiers, l'action s'éteint faute d'objet.

L'art. 834 du Code de Procédure, qui donne le délai

de quinzaine après l'aliénation pour inscrire les privilèges et hypothèques afin de conserver le droit de suite, et qui réserve nommément l'effet privilégié du droit des copartageants et des vendeurs, ne parle pas des créanciers séparatistes, ce qui ne peut être expliqué que par l'absence du droit de suite en leur faveur. Tous ces arguments qui sortent des textes même du Code tirent quelque importance de leur réunion. Ils forment un ensemble qui rend plus claire la pensée du législateur. Cependant, l'argument qui nous paraît le plus puissant est celui que la raison seule fournit et que nous avons déjà indiqué. Si le Code n'a pas accordé aux créanciers héréditaires le droit de suite, et s'il leur a concédé un droit de préférence, c'est qu'il a voulu les garantir contre un dommage qu'ils ne pouvaient prévoir et dont ils ne pouvaient se préserver.

Ils ne pouvaient se défendre de l'effet de la confusion des patrimoines, quant à l'invasion du droit de gage (2092), et des hypothèques générales constituées antérieurement sur le patrimoine de l'héritier.

Mais pour ce qui est du pouvoir d'aliéner, qui appartenait aussi bien au défunt qu'à l'héritier, et que rien n'est venu rendre plus dangereux, les créanciers devaient connaître ce péril et le prévenir en se faisant concéder le droit hypothécaire. Si leur prévoyance en défaut n'a pas exigé cette sûreté, il leur reste encore la voie de la saisie-arrêt qu'ils peuvent toujours former entre les mains de l'acheteur, mais ils n'ont point de faveur exceptionnelle à réclamer.

(40) Le droit de préférence obtenu et conservé conformément aux articles 878, 2111 et 2113, ne confère pas aux créanciers héréditaires un droit hypothécaire

qui fasse cesser entre les héritiers les effets de la division des dettes et du caractère déclaratif du partage. Chaque héritier auquel la séparation, qui ne s'exerce pas contre lui, ne saurait préjudicier, n'est tenu que pour sa part, et même dans cette mesure il ne l'est que sur les biens qui lui sont échus dans le partage. Les créanciers ont du reste le droit de faire annuler tout partage qui aurait été consommé frauduleusement hors de leur présence.

(41) Conformément au but déjà signalé, le privilége de la séparation des patrimoines a un caractère collectif et non individuel, en ce qu'il est établi contre une classe de créanciers, ceux de l'héritier, au profit d'une autre classe, celle des créanciers du défunt, sans rien changer à la position respective des créanciers de cette dernière catégorie, les uns vis à vis des autres.

(42) D'un autre côté, si nous ne considérons que ceux auxquels il profite, ce privilége a un caractère essentiellement individuel. Il n'appartient qu'à celui qui le réclame, et jamais un ou plusieurs créanciers ne le conservent pour tous.

Mais tout créancier héréditaire, qui n'a pas lui-même aliéné sa qualité de créancier du défunt et ne s'est pas fait créancier personnel de l'héritier, par un acte emportant novation en ce sens, *qui non novandi animo ab herede stipulati sunt* (Ulpien, L. 1, ff. § 10, *de separ. bon.*), a droit de demander, soit par voie d'action, soit par voie d'exception, la séparation des patrimoines contre tout créancier de l'héritier.

(43) La fiction sur laquelle est basée la séparation des patrimoines, cette divisibilité anormale du patrimoine, doit être restreinte dans de justes limites; à vrai dire,

le patrimoine du défunt entre dans celui de l'héritier, mais à raison des charges qui la grèvent, il n'y a d'actif dans la succession que les dettes payées. Ceci fait comprendre comment tout en conservant le gage qu'ils avaient sur les biens du défunt, les créanciers héréditaires ont, à l'instar de tout créancier nanti d'un gage spécial, le droit, si ce gage est insuffisant, de faire valoir leur créance sur le surplus des biens de leur débiteur en concours avec ses autres créanciers. C'est pour eux la conséquence naturelle de l'obligation personnelle de l'héritier résultant du fait légal de la dévolution de l'hérédité et de la continuation de la personne du défunt. Les créanciers personnels de l'héritier ne sauraient invoquer, contre un pareil résultat, le bénéfice de la séparation des patrimoines créé contre eux-mêmes. Car la loi n'a pas admis à leur profit un droit corrélatif. Ici encore la loi qui leur a accordé d'autres moyens de se défendre a dû restreindre ses faveurs.

(44) La séparation des patrimoines n'a pas lieu de plein droit, elle ne résulte que d'une demande en justice. Cependant l'acceptation sous bénéfice d'inventaire faite avec toutes les formalités exigées, établit à l'égard des créanciers de l'hérédité un état de liquidation qui fait cesser la confusion des patrimoines, et qui leur procure les mêmes avantages que la séparation des patrimoines obtenue en justice, sans les astreindre aux mêmes formalités. Cet avantage une fois acquis subsiste tant que l'héritier conserve sa qualité d'héritier, eut-il renoncé expressément ou tacitement au bénéfice d'inventaire. Il en est de même tant que la succession demeure vacante.

(45) Le droit de demander la séparation des patrimoines se prescrit par le laps de trois ans, parce que le

législateur a pensé que la confusion des meubles du défunt et de ceux de l'hérédité serait presque inévitable après ce laps de temps. *Sciendum est, postea quam bona hereditaria bonis heredis mixta sunt non posse impetrari separationem. Confusis enim bonis et unitis, separatio impetrari non poterit.* (L. 1 ff, § 12, h. t.) En Droit romain, cette confusion de fait suffisait pour empêcher la séparation qui, dans aucun cas, ne pouvait être obtenue plus de cinq ans après l'adition d'hérédité.

A l'égard des immeubles, le droit de demander la séparation se conserve tant qu'il peut s'exercer, seulement il ne produit pas d'effet au préjudice des créanciers de l'héritier, qui auraient un droit de préférence établi sur les immeubles de la succession, qu'au profit du créancier du défunt qui a pris inscription dans le délai de l'art. 2111. Prise plus tard, l'inscription n'a qu'un effet hypothécaire à compter de sa date, conformément à l'art. 2113.

Du bénéfice d'inventaire.

(46) Jusqu'à présent nous avons considéré la confusion des patrimoines comme pouvant causer aux créanciers héréditaires un préjudice dont la loi veut les garantir.

Il peut arriver, au contraire, que dans le patrimoine recueilli, la masse de l'actif présente une valeur très inférieure à celle du passif. C'est alors l'héritier qui souffre d'être tenu de tous les engagements de son auteur. La loi le protége à son tour et lui accorde le bénéfice d'inventaire.

Le bénéfice d'inventaire est une faveur qui consiste pour l'héritier à ne payer les dettes et charges de la succession que jusqu'à concurrence de la valeur des biens recueillis à la mort du *de cujus*.

(47) Lorsque le principe de la continuation de la personne du défunt par l'héritier était dans toute son énergie, comme chez les Romains aux premiers âges, ce principe ne pouvait souffrir une dérogation aussi forte que le bénéfice d'inventaire, qui aurait tourné contre le but et l'esprit de l'institution d'héritier. Les faveurs du Préteur se bornèrent à faciliter la répudiation qui permettait d'espérer encore un autre héritier. Ce ne fut qu'après la révolution opérée dans l'état par le christianisme, que put s'établir, sous l'influence d'idées et de mœurs différentes, l'institution du bénéfice d'inventaire. L'empereur Gordien l'avait accordé, par exception, aux militaires. Justinien le généralisa et l'organisa.

Confondant sous ce rapport toutes les classes d'héritiers, il leur donna le choix entre une délibération suivie de la répudiation de la succession, ou une acceptation bénéficiaire.

A ceux qui, suivant ses conseils, adoptaient ce dernier parti, il accorda, pour faire l'inventaire, un délai pendant lequel il les mit à l'abri de toutes poursuites. L'inventaire devait établir la consistance de l'hérédité et ses charges, y compris les créances de l'héritier sur la succession et ses dettes envers elle qui ne se confondaient pas. Cette formalité remplie, l'héritier bénéficiaire pouvait payer par privilége les frais héréditaires, puis solder les créanciers et les légataires dans l'ordre où ils se présentaient, ces derniers en déduisant la quarte *Falcidie*, et tous seulement jusqu'à concurrence des valeurs héréditaires.

(48) Le bénéfice d'inventaire était inconnu chez les Germains. Le principe de la solidarité entre les membres de la famille Germanique le repoussait.

Il ne fut admis dans le Droit coutumier qu'avec une certaine défaveur : la plupart des coutumes permettaient aux successibles du même degré en même de degrés plus éloignés, au moins dans la ligne collatérale, d'exclure l'héritier bénéficiaire, en acceptant purement et simplement la succession, et il était même de style dans les lettres de chancellerie d'accorder le bénéfice d'inventaire sous la condition qu'il ne se présenterait pas d'héritier pur et simple.

Ce n'est pas ici le lieu de nous étendre sur la diversité qui existait, à cet égard, dans les coutumes et dans les opinions des jurisconsultes (1).

(40) L'institution du bénéfice d'inventaire a passé dans notre Droit actuel sans subir de grandes modifications. Mais la différence de notre état social a fait pour ainsi dire d'une institution exceptionnelle l'état naturel en matière de succession. C'est ce que reconnait M. Merlin lorsqu'il cite, en les approuvant, ces paroles d'un ancien magistrat : « Il faut faire réflexion que le bénéfice d'in« ventaire n'a point d'autre effet que de remettre les « choses dans l'état naturel où elles doivent être consi« dérées entre les héritiers du défunt et ses créan« ciers »... : réflexion qui s'appuie sur ce passage de Volf : « *Si defunctus adhuc esset in vivis et ipse solveret,* « *non plus tamen solvere posset quam quantum est in bonis* « *suis, non autem solvere posset de alieno quod de suo sol*« *vere nequit, repræsentatio personæ defuncti minime exi*« *git ut ultra vires hæreditatis teneatur hæres.* »

Entre la répudiation qui répugne aux justes susceptibilités de la conscience et de l'affection, et surtout aux

(1) Dans le ressort de Toulouse, l'héritier bénéficiaire ne pouvait être exclu.

sentiments de la piété filiale, et l'acceptation pure et simple qui rend une génération solidaire des fautes et des malheurs de la génération passée, l'acceptation bénéficiaire est un terme moyen qui devait occuper une grande place dans notre législation moderne, plus préoccupée de favoriser le progrès et le libre développement des individus, que de maintenir, comme les législateurs anciens, une forte organisation de la famille.

(50) Pour qu'il fût permis aux héritiers de se soustraire ainsi aux conséquences absolues de la représentation de la personne du défunt, en ne payant les dettes de la succession que jusqu'à concurrence de l'émolument, une modification aux principes habituels sur l'unité du patrimoine était nécessaire.

L'hérédité ne se confond point dans le patrimoine de l'héritier bénéficiaire, et elle forme, dans ses mains, un patrimoine distinct. Il suit de là que les droits, soit de l'héritier contre le défunt, soit du défunt contre l'héritier, ne s'éteignent point par confusion, qu'ils peuvent être exercés comme ceux d'un étranger (sauf le cas de l'art. 2258), et que les tiers ne peuvent opposer à l'héritier bénéficiaire qui agit de son chef, des exceptions tirées des obligations personnelles du défunt.

(51) La loi n'accorde ce bénéfice à l'héritier qu'à la condition d'établir, par un inventaire exact et fidèle, la consistance de l'hérédité. Il peut ensuite, s'il veut se décharger de l'administration, faire l'abandon de tous les biens héréditaires, avec leurs accessoires et leurs accroissements, aux créanciers de la succession et aux légataires. Cet abandon, analogue sous certains rapports et dans une certaine mesure à la cession de biens volontaire, n'est qu'un abandon de la possession, et ne pour-

rait être considéré comme une aliénation de la propriété qu'en cas de convention formelle. C'est un mandat donné par l'héritier aux créanciers, à l'effet qu'ils procèdent eux-mêmes à la vente des biens héréditaires et à la distribution des deniers en provenant. Mais une différence notable existe entre cet abandon et la cession de biens. C'est qu'en matière de bénéfice d'inventaire, tous les droits des créanciers sont éteints après la distribution des deniers héréditaires, faite conformément aux prescriptions de la loi, et que dans le cas où ils ne seraient pas intégralement satisfaits, ils ne conserveraient aucun droit sur les autres biens de leur débiteur. Au contraire, dans la même hypothèse, les créanciers, après la cession de biens, pourraient, en thèse générale, exercer leurs droits sur les biens que leur débiteur aurait acquis par la suite.

L'hérédité et tous les biens qui la composent, ne cessent point d'être la propriété de l'héritier bénéficiaire, même après l'abandon; l'héritier est toujours libre de révoquer le mandat qu'il a donné, en satisfaisant intégralement les créanciers héréditaires, et alors même qu'il n'use pas de ce droit, si toutes les dettes et charges payées il existe un reliquat, c'est à l'héritier qu'il appartient.

Si l'héritier bénéficiaire ne fait point l'abandon des biens de la succession aux créanciers et aux légataires, l'administration de ces biens n'est pas seulement pour lui un droit, elle est un devoir envers eux, et il leur en doit compte. La loi trace les règles et les formes à suivre dans cette administration, et elle n'attache la peine de la déchéance du bénéfice d'inventaire, qu'à l'inobservation de celles qui sont nécessaires pour assurer la conservation et la représentation de toutes les valeurs héréditaires; en dépassant les bornes des actes d'administration, l'héritier bénéficiaire ne s'expose qu'à être réputé héritier pur et simple. L'héritier, dans les limites de l'administration, n'est tenu que des fautes graves, parce qu'il administre sa propre chose.

Il conserve, en effet, la qualité et les droits d'héritier, non seulement vis à vis de ses cohéritiers, qui sont tenus au rapport envers lui comme il l'est envers eux, mais vis à vis des créanciers de la succession Il peut invoquer, contre eux, le principe de la division des dettes, et en payant sa part héréditaire dans les dettes pour lesquelles il est poursuivi, conserver l'actif de la succession.

En effet, si ce bénéfice, consistant à n'être obligé que jusqu'à concurrence de l'émolument héréditaire, ne peut s'exercer qu'à la condition de faire constater et de représenter cet émolument aux créanciers et aux légataires, il ne faut pas faire de cette obligation, qui n'est qu'une dépendance et une condition du bénéfice d'inventaire, l'objet principal des dispositions de la loi. Il ne faut jamais oublier que c'est là une faveur accordée à l'héritier, et que sa qualité et ses droits ne doivent point disparaître sous les garanties données aux créanciers et aux légataires. Il faut s'en souvenir, d'autant mieux qu'il est des cas où l'acceptation bénéficiaire est imposée par la loi, comme une garantie pour les droits de certains héritiers que le législateur prend spécialement sous sa protection, et qu'en augmentant leurs obligations, par l'effet même de ce genre d'acceptation, on irait à l'encontre des vues du législateur.

Des droits et des obligations des successions irrégulières.

(52) Les successeurs irréguliers sont investis, au moment où s'ouvre la succession, de la propriété de l'hérédité, de celle des objets qui la composent et de ses accessoires.

Ils ne jouissent pas de la saisine, et ils ne peuvent obtenir l'investiture de l'exercice de leurs droits héréditaires, qu'après avoir formé une demande d'envoi en possession et accompli diverses formalités ayant pour but de garantir les droits des héritiers plus proches qui viendraient à se révéler.

Ces formalités consistent à faire vérifier leur titre par la justice, à faire constater, par la même voie, le résultat infructueux de la publicité employée pour instruire les héritiers restés inconnus de l'ouverture de la succession, enfin, de garantir la restitution des objets héréditaires, pour le cas où il s'en présenterait.

Une prise de possession sans intervention de justice, et accomplie de leur propre autorité, aurait bien, à l'égard des autres prétendants, les effets attachés à la possession d'une universalité; mais, à l'égard des tiers, elle ne conférerait aucun des droits qui résultent, soit de la saisine, soit de la mise en possession par justice. Pourtant, ce seul fait obligerait à supporter les poursuites des créanciers.

(53) Les successeurs irréguliers ne sont pas héritiers, ils ne continuent pas la personne, ils ne sont que successeurs aux biens. Ils ne sont en conséquence tenus des dettes que comme chargés des biens, de l'universalité ou de la quote part qu'ils recueillent. Par suite de la règle

bona intelliguntur quæ deducto ære alieno supersunt, ils sont tenus des dettes par voie de déduction jusqu'à concurrence de leur émolument, c'est ce qui faisait dire dans l'ancien Droit, que l'obligation personnelle des successeurs aux biens était, sous un certain rapport, imparfaite, comme le titre héréditaire duquel elle dérive. Toutefois, si l'actif de la succession est plus considérable que le passif de l'hérédité, l'actif net de l'hérédité est confondu dans leur patrimoine.

Les successeurs irréguliers jouissent de ce droit de ne payer les dettes qu'*intra vires successionis*, sous la condition d'observer les formalités nécessaires pour établir la consistance de l'hérédité. S'ils prennent possession des biens sans inventaire, s'ils vendent les immeubles de gré à gré sans faire constater la fixation ou le paiement des prix, s'ils emploient ce prix sans se préoccuper de la manière dont ils rendront compte aux créanciers et aux légataires, ils encourent une responsabilité qu'il est difficile de mesurer, parce que leur faute même peut empêcher les contestations qui donneraient la mesure de leurs obligations. Toutefois, le résultat du défaut d'inventaire ne saurait être d'obliger le successeur irrégulier indéfiniment. Il est en faute et il doit réparer le dommage; mais cette faute ne change pas sa qualité. Quel sera donc le moyen d'évaluer le dommage causé? C'est d'établir par toute espèce de moyens, même par commune renommée, la consistance de l'actif héréditaire.

Des droits et des obligations des légataires.

(34) A dater de l'ouverture de la succession, les légataires universels ou à titre universel (les règles leur sont

communes), acquèrent de plein droit la propriété des objets héréditaires.

Il en est ainsi, bien que le legs leur ait été fait sous condition suspensive ou résolutoire. Car si, à la fois, ils survivent à l'accomplissement ou à la défaillance de la condition, et si cette défaillance ou cet accomplissement leur est favorable, le legs produit le même effet que s'il était pur et simple, et les légataires ont été investis de la propriété dès l'ouverture de la succession. Dans le cas contraire, soit que leur prédécès rende le legs caduc, soit que l'accomplissement ou la défaillance de la condition leur soit défavorable, l'effet est le même que si le legs n'eut jamais existé, et ils n'ont jamais été investis de la propriété.

La différence entre la condition suspensive et résolutoire n'influe nullement sur cette dévolution des droits. Il en résulte uniquement une diversité dans le règlement provisoire de l'exercice du droit de propriété. C'est encore une conséquence de cette nécessité sociale qui veut que les biens soient toujours administrés, alors même que leur propriétaire n'est pas encore connu. Ainsi, dans le cas d'une condition suspensive ou résolutoire, l'exercice des droits du propriétaire est confié provisoirement à l'un ou à l'autre des prétendants, au nom du propriétaire encore inconnu, et que l'avenir fera connaître.

S'il n'existe pas d'héritiers réservataires, le légataire, jouissant du titre le plus certain et le plus indélébile, a la saisine, et peut immédiatement exercer ses droits.

Cependant, si le legs a été fait par testament mystique ou olographe, le légataire doit faire vérifier la sincérité de son titre et à cet effet demander un envoi en possession au président du tribunal.

S'il existe des héritiers réservataires, le légataire est tenu de demander en justice contre ces héritiers, alors même qu'il détiendrait précairement les objets légués, la délivrance de son legs.

Le titre des héritiers réservataires a paru préférable. Leur part dans la succession en est l'élément le plus sûr et le plus indéfectible. Les légataires ne recueillent que ce qui reste. En outre, la qualité de continuateur de la personne semblait faire de cette préférence, une sorte de droit en faveur du réservataire. Enfin, et cette raison pratique a plus que tout autre influé sur la détermination du législateur, on a voulu que les objets héréditaires restâssent intégralement dans les mains de l'héritier réservataire, jusqu'à ce que le calcul de la quotité indisponible ait été opéré sur cette masse, et que jusque-là des étrangers ne vinssent pas rendre cette opération plus difficile *et obscurcir l'état des choses* en dispersant les objets héréditaires ou même en les détournant.

La demande en délivrance présente un double caractère, c'est à la fois une notification du droit et de l'objet sur lequel il doit s'exercer, et une demande de mise en possession matérielle.

Ce double caractère explique pourquoi, contrairement à l'avis de quelques auteurs, nous exigerions une demande en délivrance pour toute espèce de legs, fût-ce un legs de libération.

L'exécution volontaire du legs équivaut à la délivrance obtenue en justice et rend par conséquent inutile toute demande en délivrance.

Le légataire saisi jouit des fruits à dater de l'ouverture de la succession. Le légataire non saisi y a droit à partir de la même époque. Mais s'il laisse jouir les héritiers pendant l'année entière sans leur demander la délivrance du legs, ces héritiers ont le bénéfice d'une présomption légale qui leur permet de ne restituer les fruits qu'à partir de la demande. La loi a voulu simplifier les rapports des légataires et des héritiers, et protéger ces derniers qui, par suite de la négligence des légataires, ont dû se croire propriétaires des fruits et en disposer en conséquence.

Les légataires non saisis n'ayant pas jusqu'à la délivrance l'exercice de leurs droits, ne sauraient, en attendant, exiger un paiement des débiteurs de l'hérédité, ni être poursuivis à cet effet par les créanciers.

Cependant, comme propriétaires de leurs droits, les légataires peuvent faire tous actes conservatoires, en disposer et les aliéner. Le privilége de la séparation des patrimoines, et l'hypothèque légale de l'art. 1017 du Code ne sont point introduits en faveur des légataires universels ou à titre universel, mais seulement en faveur des légataires particuliers. Les légataires universels ou à titre universel n'ont pas besoin de ces garanties spéciales. En effet, la demande en délivrance qu'ils doivent former d'après l'art. 1011, dans le cas où ils ne sont pas saisis de plein droit, est en réalité une demande en partage, et leurs droits se trouvent garantis par l'art. 883, d'après lequel chaque copartageant est censé avoir eu, dès l'ouverture de la succession, la propriété des biens tombés dans son lot. Ces biens arrivent ainsi aux légataires, libres de toutes charges créées par les héritiers, et les créanciers de ceux-ci ne pourraient les faire mettre en vente durant l'indivision (art. 883 et 2205 du Code).

(55) Les légataires universels, soit qu'ils tiennent la faculté d'exercer leur droit de la saisine légale ou de la

délivrance, ne sont pas héritiers, ils ne continuent pas la personne du défunt, mais ils sont tenus des dettes comme successeurs aux biens, par voie de déduction et par application de la maxime *bona non numerantur nisi deducto œre alieno.* Ils ne sont tenus personnellement que pour leur part et portion dans la mesure de leur émolument, et hypothécairement pour le tout.

Cette solution est l'objet des plus vives controverses entre les auteurs qui ont écrit sur cette matière.

Trois systèmes principaux ont été soutenus. On a, dans un premier système, établi une distinction entre les légataires saisis et ceux qui sont forcés de demander la délivrance de leurs legs. Les uns seraient héritiers, continuateurs de la personne, et obligés pour leur part et portion au paiement des dettes *ultra vires successionis*, les autres seraient de simples légataires tenus seulement jusqu'à concurrence de leur émolument.

Les deux autres systèmes plus absolus rejettent cette distinction. La jurisprudence s'appuie sur l'assimilation de l'institution d'héritier au legs universel. Elle veut que sous cette dernière dénomination, seule conservée, des effets nouveaux aient été produits qui feraient en réalité des légataires du Code de véritables héritiers institués, tels qu'on les comprenait autrefois, c'est à dire des continuateurs de la personne, tenus *ultra vires.*

Enfin, le dernier système, qui est le nôtre, ne voit plus sous le régime du Code que des légataires tenus seulement jusqu'à concurrence de l'émolument qu'ils ont recueilli.

Au premier système on oppose d'abord le texte, qui ne fait aucune distinction, quant au paiement, des dettes entre les légataires saisis ou non saisis.

La saisine, il suffit pour s'en convaincre de se bien pénétrer de sa nature telle que nous l'avons exposée, n'ajoute rien au fond du droit : elle n'est qu'une délivrance immédiate. Il serait donc étrange de voir les obligations du successeur s'augmenter et sa qualité même se modifier, parce qu'il jouirait un peu plutôt de ses droits. La saisine n'entraîne point par elle-même une sorte de subrogation illimitée aux obligations du défunt : on abuserait de la rédaction de l'art. 724 si l'on en faisait sortir une pareille théorie.

Cet article montre que la saisine est l'attribut ordinaire d'un titre qui entraîne des obligations indéfinies ; mais il n'en résulte pas que la saisine soit jamais le fondement de ces obligations. Si la théorie traditionnelle du Droit français reliait à la saisine héréditaire l'obligation de répondre personnellement et indéfiniment des biens, c'est que la saisine n'appartenait autrefois qu'aux continuateurs de la personne, et que les héritiers saisis étaient toujours ceux qui, comme continuateurs de la personne, étaient tenus des dettes indéfiniment. Les jurisconsultes méridionaux, en obtenant la saisine pour de simples successeurs, ont changé en ce point l'état de choses traditionnel dont on ne peut argumenter sous la loi actuelle, puisqu'il n'admet pas de légataires saisis. L'art. 1006, disposition isolée qui ne tient à aucune théorie générale, n'établit point de corrélation entre la saisine et l'obligation indéfinie. Si le législateur a conféré à certains légataires un privilége personnel, il ne s'en suit pas qu'il ait voulu par cela même étendre à leur détriment une fiction plus onéreuse que profitable. Enfin la loi a confondu l'institution d'héritier et le legs, elle n'a fait des légataires qu'une seule classe de successeurs, et il répugne à toutes les traditions du droit que des légataires soient tenus *ultra vires*.

On dit qu'il y a eu innovation, qu'on a donné aux legs des effets nouveaux, mais allons au fond des choses. En quoi consiste cette innovation et quelles sont ces règles nouvelles appliquées aux legs? L'innovation consisterait précisément à faire les légataires héritiers et à leur appliquer les règles qui s'appliquaient autrefois aux héritiers.

Est-il croyable qu'on ait bouleversé ainsi toutes les traditions du Droit romain et du Droit français coutumier, qui distinguaient avec soin le légataire de l'héritier? Est-il raisonnable qu'on ne puisse plus disposer à un titre collectif, sans se créer un héritier et un continuateur de sa personne?

On veut trouver ce système dans l'art. 1002, mais l'art. 1002 en est la réfutation. Cet article ne fait que reproduire ce passage de Pothier: « Si un testateur s'était « exprimé ainsi : j'institue pour mon héritier un tel, la « disposition ne laisserait pas de valoir, non comme ins- « titution d'héritier, mais comme legs universel. Cet ins- « titué ne serait pas héritier, mais simplement légataire « universel. » L'art. 1002 n'a été adopté que sur cette observation : « il est à propos de laisser subsister la dé- « nomination d'institution d'héritier, mais, en même « temps, il est convenable d'annoncer bien précisément « qu'il n'y aura désormais aucune différence entre la « dénomination d'héritier et celle de légataire, et que « tous les effets particulièrement attachés par la loi « romaine au titre d'héritier sont entièrement détruits. »

N'est-ce pas d'ailleurs une vérité élémentaire qu'un legs est une libéralité, et le bon sens ne commande-t-il pas d'appliquer au légataire ce que Justinien dit du fidéicommissaire : *ne plus quisquam rogetur alieni restituere quam ipse ex testamento ceperit, nam quod amplius est inutiliter relinquitur?* Écoutons sur ce point Ricard, qui a traité spécialement la question de savoir *si la charge peut excéder le profit :*

« La libéralité ne doit jamais être onéreuse à celui à « l'endroit duquel elle est exercée, d'autant que ce « serait détruire la nature du bienfait que de le rendre « incommode à la personne qui le reçoit..... Il y en a « qui veulent distinguer lorsqu'il s'agit d'une disposition « universelle et que le légataire universel qui a accepté « le legs fait à son profit, demeure obligé au paiement « des legs ou autres charges du testament indéfiniment, « et sans avoir égard si les charges excèdent le profit... « Mais cette distinction des dispositions universelles ou « particulières est une pure erreur dans le Droit pour le « regard de la maxime que nous avons avancée, que « les testaments et les donations sont des titres gratuits, « qui régulièrement ne peuvent être onéreux à ceux qui « les acceptent; d'où vient que les charges que le tes- « tateur y a imposées, prennent leurs mesures et se « restreignent par la proportion des biens qu'il a lais- « sés. » Ricard, *Traité des dispositions conditionnelles*, chap. IV, sect. 1re.

Qu'oppose-t-on à ces principes et à ces autorités? Les termes du Code qui disposent que le légataire unisel, et comme lui le légataire à titre universel, est tenu *personnellement* des dettes. Est-ce que l'obligation personnelle du légataire, l'action personnelle contre lui n'existaient pas également dans l'ancien Droit français comme on le voit dans Pothier? Est-ce que les successeurs irréguliers ne sont pas aussi tenus personnellement?

Les art. 1009 et 1012, en réglant l'obligation aux dettes, ne prévoient pas le cas d'insolvabilité; mais l'art. 87, qui règle la contribution et par conséquent l'étendue de l'action récursoire, la limite à l'émolument, c'est à dire au bénéfice, si la contribution du légataire universel n'excède pas son émolument; il en doit être ainsi de son obligation à l'égard des créanciers.

A ces arguments de texte et de doctrine nous ajouterons, en terminant, quelques considérations que nous avons déjà exprimées, par anticipation, au commencement de ce travail. Si l'on peut espérer de trouver quelque part des sentiments de respect, d'affection, de piété assez puissants pour faire honneur à la mémoire du défunt en se chargeant de ses dettes *ultra vires successionis*, c'est encore dans la famille, intéressée à conserver sans tache le nom de ses membres, c'est dans l'héritier du sang désigné par la loi d'après une présomption d'affection réciproque. C'est là que le Code, comme nos anciennes coutumes, a dû placer la continuation juridique et la représentation complète du *de cujus*. Même avec le secours du bénéfice d'inventaire, il y aura encore le fardeau d'une lourde administration à porter. Ce devoir sera mieux rempli par les membres de la famille que par des étrangers, *qui certant de lucro captando*.

Des donataires universels et à titre universel.

(56) Comme nous l'avons déjà dit précédemment, la loi, par une faveur spéciale, permet de disposer entre vifs dans les contrats de mariage de tout ou partie de l'hérédité.

Cette donation qui est présumée faite aux enfants à naître du mariage en même temps qu'aux époux, investit ceux qu'elle favorise d'un droit irrévocable. Les biens objets de la libéralité demeurent jusqu'à sa mort soumis à la propriété du donateur, qui peut les aliéner à titre onéreux, mais qui ne saurait en disposer à titre gratuit, si ce n'est dans la mesure des rémunérations. Après la mort du donateur, la réalisation de la condition d'acceptation qui est imposée au donataire, confirme le droit de propriété qui lui appartient à dater du décès.

Les donataires sont de simples successeurs aux biens, ils sont tenus des dettes en vertu du principe : *bona non numerantur nisi deducto œre alieno;* mais comme ils ne sont pas héritiers, cette obligation se borne à la mesure de leur émolument. Ils sont soumis à toutes les règles imposées aux successeurs aux biens, pour établir la consistance de la masse héréditaire.

Aucun texte de la loi n'étendant aux donataires la faveur que l'art. 1006 accorde aux légataires universels, d'être saisis par la mort du disposant en l'absence de réservataires, il s'en suit que ce donataire n'aura jamais la saisine et devra toujours demander la délivrance aux héritiers du sang.

Conséquences de la possession de l'hérédité par un individu non investi du droit héréditaire.

(57) Quelques règles sont communes aux diverses classes de successeurs. Elles déterminent les conséquences de l'exercice plus ou moins prolongé du droit héréditaire par une personne qui n'en est point investie, et les restitutions qu'il doit faire à l'héritier.

Si le véritable héritier se présente avant que le possesseur de l'hérédité n'ait prescrit contre son droit, il y a lieu de lui restituer l'hérédité. Cette restitution embrasse divers accessoires tels que les fruits, le prix des aliénations consenties par l'héritier apparent, les indemnités pour le préjudice causé, soit par des détériorations, soit de toute autre manière.

La bonne ou la mauvaise foi du possesseur influe sur l'appréciation du montant des restitutions à faire. Il est donc nécessaire d'entrer dans quelques distinctions.

La mauvaise foi est un fait qui ne s'établit point par présomption. Alors même qu'un possesseur, un successeur irrégulier, par exemple, n'aurait pas accompli les formalités qui lui sont imposées, la mauvaise foi ne résulterait pas de cette omission. Seulement il serait obligé de réparer le préjudice qu'il aurait causé par sa négligence. La mauvaise foi existe quand le possesseur de l'hérédité connaît l'existence d'héritiers plus proches, et qu'il sait que l'ignorance où ils sont de leurs droits est la seule raison qui les empêche de les faire valoir.

Le possesseur de mauvaise foi doit remettre le demandeur dans le même état que si sa possession n'avait pas existé. Il doit tous les fruits que, grâce à une excellente administration, il aurait pu lui faire percevoir.

Il doit indemniser le demandeur de toutes les détériorations survenues à la chose, même par cas fortuit, à moins qu'il ne prouve que l'accident qui est arrivé aurait également eu lieu chez le demandeur.

Il doit indemniser entièrement le demandeur des aliénations qu'il a consenties tant à titre gratuit qu'à titre onéreux, et si l'aliénation à titre onéreux est avantageuse, il doit restituer entièrement le prix qu'il a reçu.

Le possesseur de bonne foi n'est tenu de restituer que ce dont il s'est enrichi. Les fruits qu'il a recueillis sont censés consommés, il n'en doit rien.

Les détériorations qu'il a commises ne l'obligent que s'il en a tiré quelque profit et dans la mesure de ce profit.

Enfin, il ne doit aucune indemnité pour les aliénations qu'il a consenties à titre gratuit, et il ne doit restituer que les valeurs qu'il a reçues pour les objets aliénés à titre onéreux, car il est toujours présumé en profiter.

C'est une question fort controversée que celle du sort des aliénations consenties par l'héritier apparent en faveur d'un tiers de bonne foi. Nous n'hésitons pas à les déclarer valides quand la possession de l'héritier apparent était fortifiée par l'accomplissement de toutes les formalités légales. Pour ce qui est des meubles, la question est tranchée par l'art. 2279 ; pour les immeubles, nous nous appuyons sur ces raisons : Le tiers de bonne foi ayant contracté avec un héritier après s'être assuré que toutes les formalités avaient été remplies, est tombé dans une erreur invincible et qui ne peut lui être justement reprochée. Il est aussi favorable que l'héritier demandeur, puisque tous deux cherchent à éviter un préjudice. Si la maxime *nemo plus juris in alium transferre potest quam ipse habet*, milite contre l'acheteur, l'héritier demandeur, qui seul peut user de ce droit, est repoussé par un autre principe également tiré de l'équité, mais sanctionné par la loi, celui de l'art. 1382. L'héritier dont la négligence a fait naître cette difficile situation ne peut agir contre l'acheteur sans qu'on lui oppose le dommage qui résulterait de son action, la cause de ce dommage, qui provient de sa faute, et la nécessité légale où il serait de le réparer de la manière la plus complète, c'est à dire par le maintien du *statu quo*. L'art. 132, qui valide la vente faite par l'envoyé en possession provisoire au préjudice de l'absent, lorsque l'absent se représente, est une application de principes analogues. Peut-être même y pourrait-on voir le germe d'une théorie qui viendrait se placer à côté de la nôtre et appuyer notre opinion, en se fondant sur une gestion d'affaire qui prendrait sa force obligatoire dans la négligence de l'absent et dans la nécessité sociale qui veut que les biens soient administrés.

De l'Indivision et du Partage.

(58) S'il existe plusieurs héritiers, c'est à dire plusieurs personnes appelées conjointement et simultanément à une seule et même hérédité, les droits de chaque héritier n'en subsistent pas moins dans leur intégrité pour la part qui leur revient, et seulement, il résulte de ce concours certaines modifications dans l'exercice de quelques-uns des droits héréditaires.

(59) Dès la plus haute antiquité l'on s'occupa, chez les Romains, d'organiser et de faciliter la continuation avec les héritiers des rapports formés entre le défunt et les tiers par le lien des obligations. Pour déterminer la mesure dans laquelle chaque héritier devait continuer ces rapports, une division était nécessaire.

Rien n'était plus facile que cette opération, pour ce qui concernait les droits ou les obligations tendant au paiement d'une somme d'argent ou d'une certaine quantité de ces choses qui se comptent, se pèsent, ou se mesurent, et que les Romains nommaient fongibles parce qu'une quantité quelconque est représentée ou compensée par une quantité pareille. Comme l'on trouve dans ces choses elles-mêmes l'unité, l'étalon qui sert à mesurer exactement le rapport que l'on cherche entre leur ensemble et les parties égales dont cet ensemble se compose, on pouvait, par une division matérielle, déterminer les parts proportionnelles des héritiers. On put même, en restant dans le domaine intellectuel, établir par un simple calcul la division entre les héritiers de ces valeurs actives ou passives. Aussi cette division fut-elle prescrite comme un fait légal, s'opérant de plein droit, par la loi des XII Tables.

On ne put arriver à déterminer de la même manière, immédiatement et *à priori*, les parts des héritiers dans les droits réels, dont les objets étaient principalement des corps certains et surtout, chez un peuple agricole, des immeubles. Les corps certains, lors même qu'ils sont partageables, ne sont point composés de parties adéquates, et l'on ne trouve point en eux, comme dans les choses fongibles, d'unité, d'étalon, de terme comparatif, à l'aide duquel on puisse les mesurer et les diviser. Il fallait, pour obtenir le moyen de diviser exactement entre les héritiers la masse héréditaire, commencer par chercher et par établir la valeur représentative en argent des objets compris dans cette masse, l'argent étant la mesure commune de la valeur de toutes choses. Ce n'est qu'à l'aide de ces estimations préalables qu'on pouvait parvenir, par une opération subséquente, à former autant de lots égaux qu'il y a de cohéritiers, en se servant, pour équilibrer les lots, des sommes d'argent ou autres choses fongibles qui se trouvent dans l'hérédité, et qui, quoique susceptibles de division immédiate, suivent le sort de la masse dont elles font partie et subissent la loi générale du partage.

Dans la nécessité de déterminer, avant le résultat souvent éloigné des opérations compliquées du partage, les droits réels des héritiers, et dans l'impuissance de diviser entre eux *à priori* les choses héréditaires, faute de trouver en elles, comme dans les choses fongibles, l'unité, qui est tout à la fois l'instrument et l'objet de cette division, les Romains s'arrêtèrent à l'idée de l'unité abstraite, de la molécule, et attribuèrent aux héritiers des parts idéales dans l'ensemble des choses héréditaires, dans chacune de ces choses, et même dans chacune de leurs parcelles considérées d'une manière idéale; c'est cet état de copropriété qui s'appelle indivision.

(60) Cet état eut pour conséquence une véritable confusion dans les droits des propriétaires. Chacun put disposer de sa part dans la chose commune et la grever de toutes les manières en faveur d'étrangers, de telle sorte qu'au jour où l'indivision devait cesser, on ne reconnaissait plus avec qui l'on subissait l'indivision, ni quelle somme de biens, libre de charges, pouvait être l'objet des échanges qui constituaient, en Droit romain, le partage essentiellement commutatif entre les cohéritiers. Toutefois, ce ne fut point à raison de ces graves inconvénients que la théorie du Droit romain succomba au moyen âge; ce fut une nécessité politique née d'un état social différent qui fit accepter le système, encore en vigueur aujourd'hui, sur le caractère et les effets du partage.

Le monde romain avait disparu. Un monde nouveau s'était fondé sur l'association dans laquelle toute terre avait deux maîtres liés entre eux par des obligations réciproques. De la nature même de ces obligations, telle qu'elle était dans l'origine, dérivait la prohibition de se substituer un tiers sans le consentement de l'autre partie, règle à laquelle le suzerain put se soustraire, mais qui subsista pour le vassal et lui interdit toute aliénation. Le vassal ayant su rendre son domaine patrimonial et héréditaire, le droit de succession reconnu amenait la nécessité du partage. Mais si partager c'était aliéner, la prohibition se trouvait enfreinte. On tourna d'abord la difficulté en faisant du fils aîné le représentant de son auteur, et en le chargeant exclusivement des obligations féodales. Avec le temps, la féodalité, de guerrière qu'elle était d'abord, devint fiscale. Les aliénations furent permises à charge de droits de mutation. Mais l'héritier se prévalant du droit de succéder, antérieurement reconnu, et de la qualité de continuateur de la personne saisi par le défunt, refusa de payer ces droits. Le partage fut alors considéré comme une nécessité que le seigneur devait subir et qui, ne relevant pas de son bon plaisir, ne pouvait se payer comme une grâce.

(64) Après la renaissance, l'étude du Droit romain fut remise en honneur. Les jurisconsultes préféraient ce merveilleux ensemble de déductions logiques à l'incohérence apparente du Droit coutumier, image d'une société en travail de transformation. Avec cette méthode rigoureuse qu'on puise dans le Droit romain, ils voulurent en appliquer les dispositions à un état social pour lequel elles n'étaient pas faites. En présence de cette exemption de droits qui favorisait le partage, et dans l'impuissance de la contester, ils cherchèrent à la légitimer en lui trouvant une origine dans le Droit romain. Ils établirent sur la loi 12, Cod. *de condict. furt,* sur la loi *Dicus,* ff. *de pet. her.*, et surtout sur la loi *Pelo,* ff. *de*

leg., cette théorie, que l'aliénation, lorsqu'elle est une nécessité, ne saurait être prohibée, et ils reconnurent ce caractère au partage héréditaire. Les autres partages étant soumis aux droits de mutation, ils expliquaient cette différence par la formation volontaire de la communauté. Plus tard, cette distinction fut emportée par la logique vigoureuse de Dumoulin.

(62) Cette théorie, empruntée au Droit romain, ne prévalut pas auprès des jurisconsultes praticiens, plus fidèles aux usages et coutumes, et par cela même au principe que leurs pères avaient posé comme le fondement du nouvel état de choses. Ce principe, c'était celui de la continuation de la personne dans son application à tous les droits. Coquille disait : « Il n'y a pas mutation d'homme. » On dit bientôt : « Il n'y a pas mutation dans la propriété. » Puis, plus clairement : « Le partage « est plutôt une distinction des portions qui étaient con- « fuses qu'une acquisition nouvelle » (Henrys). Cette doctrine finit par prévaloir et fut inscrite dans les lois. Nos législateurs modernes trouvèrent qu'elle répondait aux besoins de la société nouvelle, parce qu'en dégrévant, en assurant, en fécondant la propriété privée, elle devait contribuer à l'accroissement de la richesse publique.

(63) La féodalité et ses institutions avaient méconnu ce grand intérêt. Le domaine de la terre, concentré dans quelques mains, était considéré comme une cause de puissance plutôt que comme une source de revenus, et l'on ne craignait point de diminuer sa valeur en prolongeant son inaliénabilité. Sous l'influence de ces idées, on avait vu se multiplier, dans une société peu avancée, des contrats qui produisaient une sorte de *cizaillement*

du domaine (Boutaric), et par lesquels la propriété était en partie, et sauf ce qui affectait les droits de puissance, concédée au fermier sous des noms divers, selon l'étendue ou la durée quelquefois perpétuelle de l'aliénation.

La révolution de 1789 vint changer tout cela. On comprit par expérience, pour avoir vu d'immenses richesses demeurer improductives, combien l'état de communauté, avec ses incertitudes et ses entraves, est contraire à la vraie nature du droit de propriété et à son développement. On reconnut que l'intérêt est la mesure du travail de l'homme, et que le droit de propriété est, comme l'activité humaine dont il réalise et protége l'exercice, essentiellement individuel. Proscrivant ces institutions surannées, qui faisaient plusieurs parts du domaine subordonnées l'une à l'autre, la législation nouvelle ne consacra qu'une seule espèce de propriété franche de toute sujétion et libre de toute entrave. L'indivision du Droit romain établissant une communauté dans laquelle les droits des copropriétaires se trouvaient mêlés et confondus de la manière la plus désastreuse, il était naturel que la législation moderne accueillît, comme plus conforme à son système général sur le droit de propriété, une théorie qui, tout en conservant le nom de l'indivision, la détruit en réalité, et remplace la communauté indéterminée des propriétaires par un état de propriété individuelle, déterminée *à priori* par anticipation sur l'avenir.

Une autre raison pratique et d'utilité sociale contribua encore à son adoption. Le besoin d'assurer le repos des familles rendit les réformateurs favorables à un système qui n'exposait plus l'héritier prudent et sage à souffrir des imprudences de son cohéritier, qui ne permettait plus à un seul de grever le bien de tous, et qui par là tarissait la source d'une infinité de recours et de procès scandaleux entre parents se traînant pendant des générations entières devant une multitude de juridictions. « Il faut, disait Pothier, pour entretenir la paix « entre les hommes, que chacun ait le sien séparé- « ment ». C'est ce que confirme l'expérience de tous les siècles.

(64) Depuis que la législation actuelle, définitivement formulée, règne sans partage, une nouvelle restauration de l'étude du Droit romain a pris place en Allemagne, et faisant invasion chez nous, elle détourne de l'étude de l'ancien Droit français, de ses traditions et de ses modifications successives, contemporaines de celles de notre société, pour diriger les esprits vers la contemplation exclusive des vérités absolues que révèle le Droit romain. Armés de la logique, des réformateurs nouveaux s'efforcent de porter atteinte au système que le Code a emprunté à notre ancienne législation, parce qu'il l'a trouvé conforme aux besoins de notre état social. Ils veulent y substituer les règles faites pour la société romaine. L'art. 883 est une des dispositions qui ne trouvent point grâce devant leurs critiques. Suivant eux, ce serait un emprunt irréfléchi aux préjugés d'un autre âge et aux nécessités d'une lutte contre la fiscalité. Il faudrait la restreindre aux plus extrêmes limites que puisse comporter la lettre de la loi, pour mettre à sa place la théorie romaine seule rationnelle et équitable.

Les plus habiles couvrent leurs attaques d'un prétexte spécieux. Ils invoquent, en faveur des tiers que l'on dépouille, les principes du crédit et les intérêts généraux de la société nouvelle fondés sur les développements de l'industrie et du commerce, dont il faut craindre de paralyser l'essor en gênant l'affectation et la circulation des biens. Suivant nous, ces reproches sont injustes. Il faut d'abord se garder de confondre avec l'industriel, le propriétaire agricole pour lequel l'emprunt n'est le plus souvent que le prélude de l'expropriation et une cause de ruine. Ce ne serait point d'ailleurs l'esprit de spéculation industrielle, ce seraient presque toujours l'esprit de dissipation et ses entraînements qui pousseraient un héritier à escompter en les grevant, avant le partage, les biens d'une succession, au péril de ses cohéritiers. Le législateur a dû s'en défier, et, instruit par l'expérience, s'approprier une théorie pleine de sagesse qui pare à ces inconvénients. Il ne nous reste qu'à nous bien pénétrer de son esprit, pour l'appliquer religieusement.

(65) On ne peut comprendre la nature actuelle de l'indivision qu'en l'examinant successivement par rapport à la jouissance des droits et par rapport à l'exercice que les héritiers peuvent faire de ces droits.

(66) En ce qui concerne la jouissance des droits, l'indivision est un état forcé pendant la période qui s'étend de l'ouverture de la succession jusqu'au partage. La nature des choses qui sont les objets de ces droits ne permettant pas à la loi de les diviser *à priori*, et par là de faire cesser, aussitôt qu'elle le voudrait, la communauté entre héritiers, elle a dû avoir recours à une fiction. Le partage peut seul opérer la division, et déterminer sur quels objets chaque héritier jouit d'un droit exclusif. Mais la loi, anticipant sur la division qui dans l'ordre des temps et des faits s'accomplira plus tard, a décidé que les droits des héritiers seraient réputés avoir existé anté-

rieurement au partage tels qu'ils les établiraient. Jusqu'à cette opération, les droits des héritiers sur le tout sont, à l'égard des objets héréditaires pris, *singulatim*, soumis à une condition à la fois suspensive et résolutoire, le partage devant déclarer sur quels objets chaque héritier aura eu dès l'ouverture de la succession, par transmission directe, un droit exclusif, et sur quels objets il n'aura jamais eu aucun droit, « de manière, dit Pothier, et après lui l'art. 883 du Code, que chaque co-« héritier est censé avoir succédé seul et immédiatement à tous les objets compris dans son lot, et n'avoir « succédé à aucun de ceux compris dans le lot de ses co-« héritiers. » C'est ce qu'on nomme l'effet déclaratif, par opposition à l'effet attributif de l'ancien partage commutatif. De là résultent la nullité des aliénations, démembrements de propriété, et hypothèques consentis par chacun des héritiers sur les objets qui ne tombent pas dans son lot, et la consolidation des mêmes droits, lorsqu'ils ont été consentis, sur les objets qui tombent dans son lot.

(67) Quant à l'exercice des droits, l'indivision pour les héritiers consiste à les exercer en commun, chacun dans la proportion de sa part, lorsqu'ils sont susceptibles d'être exercés ainsi, par exemple, le droit de propriété dans son application à la perception des fruits, et, au contraire, chacun pour le tout, lorsqu'ils ne sont point susceptibles d'exercice partiaire, comme les servitudes. L'exercice des droits peut être, avant le partage définitif, l'objet de partages spéciaux qu'on nomme provisionnels et par lesquels l'exercice de tel ou tel droit est divisément attribué à tel ou tel héritier. Pour ce qui est de l'exercice des actions tendant à la délivrance de corps cer-

tains, chacun des héritiers ne peut, durant l'indivision, les exercer que pour sa part, et l'objet de l'action n'étant point susceptible de livraison partielle, le débiteur peut exiger, avant d'en faire la délivrance, que tous les héritiers s'accordent pour le recevoir. Nous examinerons, en traitant du paiement des dettes, ce qui arrive lorsque plusieurs héritiers succèdent au débiteur d'un corps certain.

(68) La loi, qui a cherché à proscrire la communauté entre les héritiers et à y substituer *à priori* un état de propriété individuelle et privative, n'a pu y parvenir. L'incertitude qui règne sur l'existence même des droits de chaque héritier quant à leur objet, et la communauté qui subsiste pour leur exercice jusqu'au partage, marquent la différence entre le but qu'elle s'était proposé, et celui que la nature des choses a permis d'atteindre. Pour compléter son système, elle devait hâter la réalisation du partage par l'exemple de ses dispositions. Le Code déclare l'action en partage imprescriptible tant que dure l'indivision. Il prohibe toute convention par laquelle les communistes s'interdiraient absolument le partage. Il ne permet pas que l'on convienne de le retarder pendant plus de cinq ans. Toute défense de partager, même temporaire, faite par le donateur ou testateur, demeure sans effet. Car la faculté exceptionnelle laissée au domaine des conventions, est fondée sur ce que les parties se connaissent et s'apprécient mutuellement lorsqu'elles contractent : il n'y a plus en réalité indivision, mais association.

(69) L'action en partage peut être exercée par tous ceux à qui appartient le droit *héréditaire*, et même par ceux qui, succédant à titre universel, sont, relativement

au partage, considérés comme héritiers : les successeurs irréguliers, les donataires et les légataires universels ou à titre universel. Seulement, la loi n'a pas voulu que la famille fût forcée de laisser un étranger, un spéculateur, cessionnaire de l'un des héritiers, pénétrer dans ses secrets et peut-être porter le trouble dans les opérations du partage. Tout cohéritier a droit de l'en écarter en lui remboursant le prix de la cession.

Dans l'ancien Droit, l'application de la doctrine qui refuse de voir une aliénation dans le partage était contestée, lorsque l'application de cette doctrine, introduite en faveur des héritiers contre les tiers, paraissait contraire aux intérêts de l'héritier mineur. On décidait que le tuteur ne pouvait provoquer pour son pupille un partage, ce qui eût été une aliénation volontaire, mais qu'il pouvait seulement concourir au partage provoqué par des héritiers majeurs. Aujourd'hui, le caractère commutatif, l'effet attributif sont absolument proscrits. Le tuteur pourrait procéder à un partage comme à tout autre acte. Mais le partage, quand il y a des mineurs, devant s'opérer par la voie judiciaire, le tuteur doit accomplir les formalités qui lui sont imposées pour cette sorte d'actes.

Le tuteur peut donc provoquer un partage dans lequel son pupille est intéressé. Les jugements sont purement déclaratifs. Ils ne renferment aucune aliénation, et ce n'est point par ce motif que le tuteur est tenu de remplir certaines formalités. Mais un préjudice pouvant résulter pour le mineur d'une décision judiciaire, par la mauvaise direction qui serait donnée à la demande, par son inopportunité, la loi exige l'autorisation du conseil de famille, même lorsque la succession est mobilière. Une universalité de meubles a paru au législateur avoir la même importance que des immeubles. Cette distinction s'applique à tous les incapables.

Le législateur a placé la garantie de leurs intérêts dans les formes protectrices qu'il a établies pour les partages auxquels ils sont intéressés. En effet, si lorsque tous les héritiers en concours sont présents et majeurs, le partage peut être fait conventionnellement, à l'amiable, dans la forme et par tel acte qu'il leur plaît d'adopter; au contraire, le partage doit être fait en justice et avec toutes les formalités prescrites par la loi, lorsqu'il se trouve parmi les cohéritiers des incapables, des absents, ou même des non présents. Ces partages faits avec toutes les formes prescrites par la loi sont définitifs. Sans l'observation régulière de toutes ces formes, ils ne seraient, relativement aux incapables ou non présents, que de simples partages provisionnels.

Les héritiers présents et majeurs étant maîtres d'adopter la forme qui leur plaît, la loi considère comme partage tout acte qui a pour effet de faire cesser l'indivision entre les cohéritiers, qu'il soit qualifié de vente, d'échange ou de toute autre manière. Peu importe que le partage ait lieu *sectione corporum*, avec soulte, ou par licitation. Tout objet héréditaire qui devient la propriété exclusive d'un héritier, est soumis à l'effet déclaratif. Le prix de la licitation ou de la soulte est une dette personnelle du maître de l'immeuble à laquelle cet immeuble est affecté par privilége, et qui est née du partage. Le caractère essentiel du partage est de faire cesser l'indivision. Si donc un partage ne présentait pas ce caractère, mais avait pour objet de mettre fin à des contestations sur la quotité à laquelle des prétendants auraient droit, ou sur l'existence d'un legs, ce serait une véritable transaction attributive.

(70) Toutefois, il n'est pas nécessaire, pour conserver le caractère de partage, que l'acte fasse cesser l'indivision entre tous les cohéritiers. Toute cession de ses droits successifs, faite par un héritier à son cohéritier ou à un tiers, de quelque acte qu'elle résulte, n'a qu'un objet éventuel, inconnu jusqu'au partage et qui ne peut être déterminé qu'à cette époque. La cession et le partage seront deux actes différents, mais le partage aura tout son effet déclaratif. Il établira sur quels objets préexistait le droit du cédant et de son représentant, et sur quels biens il n'aura jamais existé. Bien plus, si la cession est faite à un cohéritier ou si l'un des héritiers exerce à l'égard des tiers le retrait successoral, la cession s'incorpore au partage et participe de sa nature. En effet, par suite de la cession, le partage s'opère entre un nombre réduit de cohéritiers. Il n'y a attribution de lots qu'en faveur de ceux qui y prennent part. Seulement le droit, et par suite le lot du cessionnaire et du retraitiste, se trouvent avoir pris une extension par la confusion dans ses propres droits des droits du cédant. Il ne lui est pas attribué plusieurs lots, mais un seul : Il est réputé avoir été *ab initio* seul propriétaire de tous les objets qui y sont compris, et l'on ne saurait prétendre que sur aucun de ces objets le droit exclusif du cédant ait jamais existé, puisqu'il était soumis à la condition suspensive de l'effet déclaratif du partage, et que la condition a défailli. On aurait pu ne pas aller aussi loin, admettre que la cession, quel que soit le titre du cessionnaire, ne change en rien l'état antérieur des choses et ne fait que transporter à un autre les droits de l'héritier cédant, placer la cession faite à un cohéritier sur le même rang que celle faite à un tiers, exiger la

confection d'autant de lots qu'il y a eu primitivement de cohéritiers, et conserver sur les objets acquis par le cessionnaire, au nom de son cédant, tous les effets des actes antérieurs.

Mais il ne faut pas oublier que le partage est d'ordre public, que ces cessions sont souvent des voies nécessaires du partage qui, sans leur aide, ne pourrait s'accomplir. Si l'on songe que les tiers ont la ressource de l'action Paulienne et que le juge apprécie souverainement si l'acte est entaché de fraude, on comprend que le Code ait perpétué, comme on le voit dans les art. 888, 889 et 831, la tradition de l'ancien Droit. Nos anciens praticiens disaient : « Le partage entraine plusieurs opé-« rations. Il est permis aux héritiers de l'élaguer par des « actes préparatoires qui sont des espèces de licitations, « de partages préliminaires, qui réduisent le partage à « sa simplicité, qui le rendent stable, solide et sans re-« mords.

« On a considéré que si ces traités ne sont pas des « partages, ce sont des dispositions préparatoires néces-« saires aux partages qui, sans cela, seraient souvent « difficiles à consommer, soit par le grand nombre d'hé-« ritiers, etc., etc.

« Il n'y a point de règle qui oblige les associés à ne « sortir de communauté qu'en la rompant avec tous. « C'est toujours un acte qui n'a trait qu'à la dissolution « de la communauté et dans lequel l'esprit des contrac-« tants est de partager, non de vendre. »

Néanmoins, la Cour suprême, juge contre ces traditions de notre Droit, qu'un pareil acte est une cession et non un partage. Cependant la tradition de l'ancien Droit, toujours respectable, a dans notre matière une importance spéciale qui nous détermine à y rester fidèle. Nous l'avouerons aussi, nous ne saurions nous rendre au principal argument de la jurisprudence ni même approuver ici sa tendance. Son but, dit-elle, est de restreindre la fiction de l'art. 883. Quant à nous, nous craindrions plutôt de priver de ce bénéfice la plupart des partages. Il arrive en effet rarement que le partage puisse s'effectuer par un seul acte. Il y a des dettes, des droits litigieux, un grand nombre d'héritiers qui ne peuvent s'entendre sur la composition des lots. On a recours alors à des conventions successives au moyen desquelles les héritiers difficiles sont écartés, les biens qui ne conviennent à personne vendus ou modifiés, les dettes acquittées, les immeubles dégrevés. En réalité, cet ensemble de mesures constitue le partage. Si on leur dénie ce caractère, il n'y a plus de partage, et le but de la loi est manqué.

(71) Un grand principe, fécond en conséquences, domine toute la matière du partage. C'est le principe de l'égalité qui doit régner entre les copartageants. Sur cette base repose la paix des familles.

Ce principe est tellement favorable aux yeux du législateur, que l'intention du *de cujus* est légalement présumée conforme à ce vœu d'égalité, lors même qu'il a disposé entre-vifs ou par testament au profit d'un ou de quelques-uns de ses héritiers. L'avantage dont ces héritiers ont été gratifiés n'est considéré par la loi que comme une avance sur leur part héréditaire, qu'ils sont tenus de rapporter à la masse partageable, à moins qu'ils n'aient été dispensés du rapport par le *de cujus*. L'origine de cette institution remonte jusqu'à la *collatio* prétorienne exigée des émancipés, auxquels était accordée la possession de biens *contra tabulas*. Etendue progressivement, surtout par Justinien, à tous les héritiers, se retrouvant avec des diversités dans toutes les coutumes, elle a passé dans notre législation avec un mélange des principes empruntés aux deux autres.

(72) Du principe de l'égalité qui doit régner entre les copartageants dérivent encore la garantie réciproque qu'ils se doivent contre toute diminution des lots résultant d'un fait antérieur inconnu lors du partage, et la proportion dans laquelle chacun, y compris le propriétaire du lot ainsi diminué, doit supporter ce dommage. La loi permet de stipuler une exception à l'obligation de garantie dans un cas déterminé, les parties sachant en vue de quel objet et dans quelle mesure elles s'engagent. Mais elles ne pourraient stipuler d'une manière générale l'exclusion de toute garantie.

(73) C'est le même principe d'égalité qui a fait introduire la rescision exceptionnelle pour lésion lorsque le lot d'un des cohéritiers a, au jour du partage, une valeur inférieure de plus d'un quart à celle qu'il aurait dû avoir. Cette action en rescision, quoique généralement admise contre tout acte ayant pour objet de faire cesser l'indivision en tout ou en partie, ne serait pas cependant recevable contre une cession de droits successifs faite à un ou plusieurs cohéritiers, aux risques et périls du cessionnaire. Un pareil acte embrasse, outre les droits réels indivis, un ensemble de dettes et de créances dont l'importance et la valeur incertaines donnent à l'opération le caractère aléatoire que les parties ont voulu maintenir.

(74) Suivant la loi romaine, les créances et les dettes de la succession, légalement divisées, n'étaient point soumises aux règles du partage. Cependant, on recon-

nut qu'il pouvait être quelquefois utile d'attribuer par l'acte de partage, à l'un des héritiers, la totalité d'une créance héréditaire, dont le recouvrement par parties eût présenté trop d'inconvénients.

L'héritier auquel la créance était ainsi attribuée ne pouvait, à raison de la division légale, agir pour les parts de ses cohéritiers que *procuratorio nomine* : mais ses cohéritiers étaient tenus, en vertu du partage, de lui céder à cet effet leurs actions.

Notre Code va plus loin. Préoccupé de l'idée d'établir l'égalité entre les cohéritiers en leur faisant parvenir, autant que possible, non seulement des valeurs égales, mais encore des objets de même nature, il veut que les créances soient, comme les autres objets, comprises dans le partage et que l'on en fasse entrer, autant que faire se peut, la même quantité dans chaque lot. Le partage, ainsi opéré, doit recevoir son effet vis à vis des tiers-débiteurs contre lesquels chaque héritier pouvait céder ses droits.

Mais il est impossible de concilier l'effet rétroactif du partage avec les effets déjà consommés du principe de la division légale des créances. Ce principe a l'avantage de faciliter, dès l'ouverture de la succession, l'exercice des droits personnels héréditaires. Lorsqu'ils ont été exercés ainsi, les paiements faits par les tiers débiteurs qui ne pouvaient s'y refuser et les compensations opérées, conformément au principe de la division légale, avant le partage, conservent tous leurs effets. L'acte de partage qui ne serait pas connu des tiers ne pourrait même rendre inutiles les paiements faits de bonne foi, postérieurement à sa date, aux héritiers dans la proportion de leurs parts héréditaires. Quant aux cessions de parties de créances héréditaires et à toutes autres conventions sur ces créances, qui ne sont pas, comme les paiements, des effets nécessaires et forcés du principe de la division légale, elles ne sauraient prévaloir contre les dispositions contraires du partage, à moins que les tiers n'eussent été saisis par une signification conforme à l'art. 1690 antérieurement au partage.

Du paiement des dettes et de la contribution.

(75) Il faut distinguer, quant au paiement des dettes et charges de la succession, les rapports des créanciers avec les héritiers, et les rapports des cohéritiers entre eux, ce qu'on nomme droit de poursuite et droit de contribution : ils sont soumis à des règles différentes. C'est le principe de la division légale et proportionnelle qui régit les rapports entre les créanciers et les héritiers. Le droit de diviser ainsi la poursuite est indépendant de toute assignation faite par le défunt, comme de toute stipulation du partage qui chargerait un des héritiers de payer. La présence de successeurs universels n'y porterait aucune atteinte. Les créanciers ne peuvent souffrir de ces circonstances, mais ils peuvent profiter de l'extension qu'elles donneraient à leur droit de poursuite contre certains héritiers ou contre les successeurs universels.

(76) Dans leurs rapports entre eux, les héritiers et les autres successeurs universels sont tenus de contribuer à chacune des dettes et charges proportionnellement à la quote part qu'ils recueillent, à raison de ce concours dans la succession, à moins que par une stipulation du partage une plus forte part dans le paiement d'une

dette n'ait été mise à la charge de quelque héritier ou successeur.

(77) Le droit de poursuite est réglé de la manière suivante : Chaque héritier, représentant juridique de la personne du défunt, et à ce titre succédant à tous ses droits actifs et passifs, est tenu, pour la part dans laquelle il le représente, de toutes les obligations héréditaires. Il doit une fraction proportionnelle de toutes les dettes, quelque nombreuses et quelqu'importantes qu'elles soient, et quoique leur somme totale puisse être bien supérieure à celle de l'actif.

(78) Le bénéfice d'inventaire n'altère point le principe de la division des dettes. Ce bénéfice présuppose chez ceux qui en jouissent la qualité d'héritiers et par suite la division légale entre eux et leurs cohéritiers ; seulement il leur confère l'avantage de ne payer les dettes que jusqu'à concurrence de la valeur de l'actif héréditaire. Les créanciers supportent la perte du surplus ainsi que celle qui résulte de l'insolvabilité d'un des héritiers.

Les successeurs universels, successeurs irréguliers, donataires, légataires soit universels, soit à titre universel, sont tenus des dettes dans la proportion de la quote part qu'ils prennent dans la succession et seulement dans la mesure de l'émolument qu'ils recueillent.

(79) Les créanciers ont ainsi des droits différents, par leur étendue et leurs limites, contre les héritiers et contre les successeurs universels.

L'exercice de leur droit de poursuite contre les héritiers peut être modifié dans les cas prévus par l'article 1221 du Code, et les créanciers peuvent poursuivre, pour toute la dette, l'héritier qui se trouve dans l'un de ces cas : ils peuvent même poursuivre pour le tout chacun des héritiers, lorsque l'objet de la dette est indivisible.

Lorsque la dette est d'un corps certain, il nous paraît nécessaire d'admettre les distinctions suivantes : s'il y a eu partage de la succession et si le corps certain est échu au lot d'un des héritiers, cet héritier peut être poursuivi pour le tout. Il en est de même si l'un des héritiers, en l'absence d'un partage, s'est mis en possession du corps certain. Car lorsqu'à l'action personnelle se réunit l'action en revendication, on peut agir *in solidum* contre celui des obligés qui est en possession de la chose (Tiraqueau, § 1, glos. 6, n°s 12, 13). Mais s'il n'y a point eu de partage, et si le corps certain est possédé indivisément par tous les héritiers du débiteur, l'action ne peut être exercée contre chacun d'eux que pour sa part, et il faut que le créancier les mette tous en cause pour obtenir la délivrance du corps certain. C'est ce que décident formellement les articles 1672 et 1685 du Code, pour l'exercice des actions en réméré ou en rescision. L'article 1221, relatif à *l'héritier qui possède la chose due*, nous paraît exclusivement applicable aux deux premiers cas ci-dessus énoncés.

La contribution est, en général, réglée de la manière suivante : les héritiers et les successeurs universels contribuent entre eux aux dettes et charges de la succession, chacun dans la proportion de ce qu'il y prend, mais avec cette différence que la part contributoire des successeurs universels est limitée à leur émolument, d'où il suit que la part contributoire des héritiers embrasse tout ce qui excède cet émolument.

(80) Le partage pourrait modifier ces règles générales, et pour équilibrer les lots augmenter la part contri-

butoire des uns en diminuant celle des autres dans la dette commune.

Mais la clause du titre qui chargerait l'un des héritiers du paiement de la dette, et les autres circonstances énumérées dans l'article 1221, ne pourraient rien changer aux règles de la contribution. Dans tous ces cas, celui qui aurait payé plus que sa part dans la dette, aurait son recours contre ses codébiteurs.

Ce recours n'a lieu que jusqu'à concurrence de la part pour laquelle chacune des personnes qui s'y trouvent soumises est tenue de contribuer à la dette commune. Cette division légale de l'action récursoire est fondée sur la garantie que se doivent réciproquement les cohéritiers, pour le paiement de tout ce qui excéderait leur part dans la dette, garantie appliquée ici par voie d'exception, suivant le principe : *Quem de evictione tenet actio eumdem agentem repellit exceptio.* Mais si en général l'obligation de garantie limite ainsi le recours, elle l'étend au contraire dans le cas où l'un des cohéritiers se trouve insolvable à l'époque du paiement, car elle confère à celui qui a payé le droit de recours, non seulement pour la part proportionnelle de chacun dans la dette, mais encore pour celle que chacun est tenu d'en supporter du chef de l'insolvable.

La loi attache à ce recours, par le bénéfice de la subrogation, toutes les garanties accessoires que pourrait procurer la subrogation conventionnelle ou la cession de la créance, consenties à l'héritier qui l'a payée. Cette subrogation est une faveur accordée à la répétition de ce qui a été versé pour la libération des codébiteurs. Elle a plus de force et d'efficacité, mais non plus d'étendue, que l'action de gestion d'affaires. Comme cette action, elle a pour mesure le service rendu.

POSITIONS.

Droit Romain.

1° La distinction des choses *mancipi* et *nec mancipi* n'a pas toujours existé à Rome; née du progrès de la civilisation, elle fut sanctionnée par le Préteur. Certains biens auxquels on attachait particulièrement de prix ou qui n'étaient pas d'un commerce journalier, restèrent, sous le nom de *res mancipi*, inaliénables par les modes nouveaux du droit des gens.

2° A l'origine, le possesseur de bonne foi devenait propriétaire des fruits par la perception, et n'était tenu à aucune restitution de ces fruits, même de ceux extants.

3° Les jurisconsultes classiques n'ont pas admis généralement la théorie d'un domaine révocable (*ad tempus*).

4° En matière d'usucapion, il y a des cas où il faut que la bonne foi existe à une autre époque que celle de l'acquisition de la possession.

Droit Français.

CODE NAPOLÉON.

1° Le droit d'emphytéose n'est pas reconnu par le Code Napoléon.

2° Les légataires universels ne sont pas tenus des dettes *ultra vires*.

3° Les actes qui font sortir de l'indivision un héritier, même sans la faire cesser à l'égard de tous, doivent être assimilés aux partages.

Droit Criminel.

1° La déclaration prescrite par les art. 55 du Code Napoléon et 346 du Code Pénal, embrasse la désignation de la mère lorsqu'elle est connue du déclarant.

2° L'art. 291 du Code Pénal s'applique à toute réunion périodique, eut-elle lieu pour l'exercice d'un culte autorisé.

Droit Administratif.

1° La propriété des églises appartient aux communes. Les fabriques en ont l'usufruit. Le droit d'action dans les questions relatives à la propriété des églises appartient et aux fabriques et aux communes.

2° L'autorisation du Conseil d'Etat n'est point nécessaire pour poursuivre un ministre du culte à raison d'un délit commis dans l'exercice de ses fonctions, mais il y a lieu d'agir préalablement devant le Conseil par voie d'appel comme d'abus.

APPROUVÉ :
Le Doyen de la Faculté de Droit,
LAURENS.

VU ET APPROUVÉ :
Le Recteur de l'Académie,
A. VINCENS DE GOURGAS.

Toulouse. — Imprimerie BAYRET ET Ce, rue Peyras, 12.

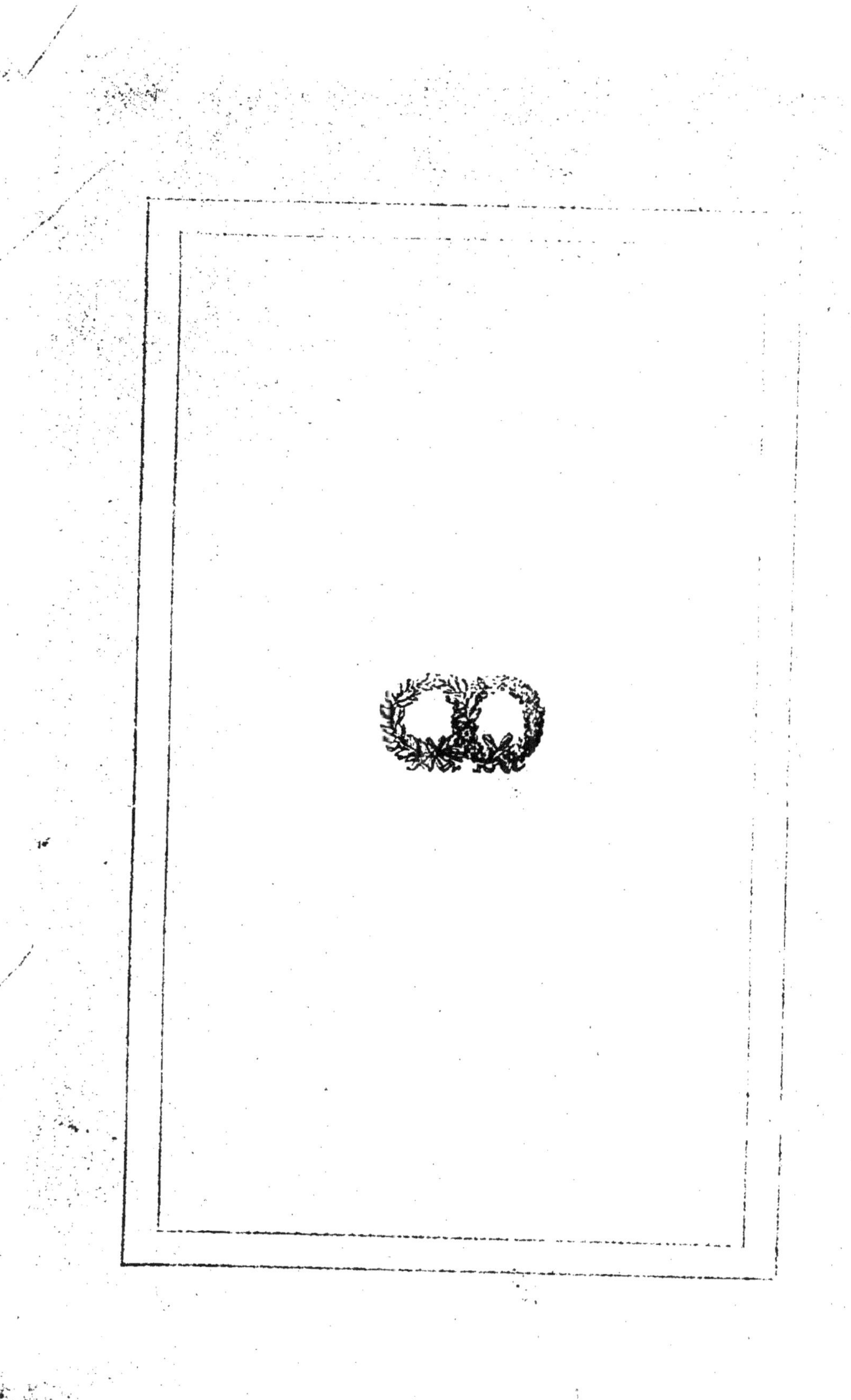

www.ingramcontent.com/pod-product-compliance
Lightning Source LLC
Chambersburg PA
CBHW071456200326
41519CB00019B/5752

* 9 7 8 2 0 1 1 2 7 6 7 2 8 *